电力行业数字化职业健康态势感知系统研究

任锦标　冼伟东　黄毅 / 编著

SPM 南方传媒
广东科技出版社
全国优秀出版社
·广州·

图书在版编目（CIP）数据

电力行业数字化职业健康态势感知系统研究 / 任锦标，冼伟东，黄毅编著. — 广州：广东科技出版社，2025. 1.

ISBN 978-7-5359-8386-2

Ⅰ. F426.61-39

中国国家版本馆CIP数据核字第2024Y9X224号

电力行业数字化职业健康态势感知系统研究

Dianli Hangye Shuzihua Zhiye Jiankang Taishi Ganzhi Xitong Yanjiu

出 版 人：严奉强

责任编辑：刘锦业

封面设计：飛鳥魚設計 FLYING BIRD & FISH DESIGN

责任校对：李云柯　廖婷婷

责任印制：彭海波

出版发行：广东科技出版社

（广州市环市东路水荫路11号　邮政编码：510075）

销售热线：020-37607413

https://www.gdstp.com.cn

E-mail：gdkjbw@nfcb.com.cn

经　　销：广东新华发行集团股份有限公司

排　　版：创溢文化

印　　刷：广州市东盛彩印有限公司

（广州市增城区新塘镇上邵村第四社企岗厂房A1　邮政编码：510700）

规　　格：889 mm × 1 194 mm　1/32　印张4　字数96千

版　　次：2025年1月第1版

2025年1月第1次印刷

定　　价：58.00元

目　录

1 引　言

1.1　研究背景与意义

《南方电网公司2022年人身风险分析及重点管控措施》中指出，员工疲劳作业、精神状态不佳、患有基础疾病等因素极易增加作业风险，容易引发伤亡事故，近几年在系统内也发生了一些人身意外事件，都是作业人员患有基础疾病导致的。因此，采用数字化、智能化技术对作业人员的身体和精神状态进行多维监测，对作业风险进行预警和管控十分必要且意义重大。

2021年，国家卫生健康委等多部门联合发布《国家职业病防治规划（2021—2025年）》（以下简称《规划》）。《规划》指出，职业健康是健康中国建设的重要基础和组成部分，事关广大劳动者健康福祉与经济发展和社会稳定大局。党中央、国务院高度重视职业健康工作，深入实施职业健康保护行动，落实“防、治、管、教、建”五字策略。为落实党和国家对职业健康的建设要求，南方电网公司发布《中国南方电网有限责任公司职业健康管理办法》（以下简称《办法》），进一步规范公司职业健康管理工作，有效预防、控制和消除职业健康危害，提升职业病防治水平，保障员工职业健康权益。根据《规划》和《办法》相关内容，作业人员的健康状态监测已经成为保障员工职业健康的必要手段之一。

为了进一步保障作业人员的健康与安全，有必要采取科学、有效的数字化手段和措施，对作业人员的身体和精神状态进行监测。其中，身体状态监测包括体检报告数据数字化以及动态化更新，精神状态监测主要集中在作业人员的疲劳状态监测。结合健康数据进行多维的作业风险预警，有利于保障作业人员的身心健康。

广东电网公司现行的作业管理、职业健康管理文件中，《广东电网有限责任公司现场作业风险管控业务指导书》的管理要点集中在作业任务管理、作业计划管理、作业风险评估、作业准备、作业过程管理、作业总结改进等方面，未考虑作业人员健康因素，缺乏对作业人员健康状态的管理和风险评估。《中国南方电网有限责任公司职业健康管理办法》要求各单位制定相关管理制度对作业人员健康进行管理，并未要求进行数字化建设。《广东电网公司安全巡查“四类问题”与现场作业违章扣分条款》针对作业人员的不安全行为、不合格资质等方面制定了违章扣分条款，并未关注作业人员的身体与精神状态。

由此可见，在作业人员健康监测和风险评估方面，目前主要存在以下问题。

①作业人员健康数据无法得到数字化运用；

②对作业人员的精神状态关注不到位；

③作业风险评估不到位。

针对上述问题，对各种技术细节的可行性开展研究，紧扣研究内容，结合技术规范书要求，提出技术方案。具体而言，需要对以下技术进行研究。

①动静态健康数据标准化采集技术；

②多源异构数据融合分析及作业安全联动技术；

③作业人员动态健康数据监测技术及可穿戴设备。

1.2 研究目标与内容概述

本研究旨在解决因作业风险评估不到位、作业人员疲劳作业等因素引发相关安全生产事故的问题。为此，本研究开展作业人员多源数据风险预警系统的研发，以实现综合人员疲劳状态、体检报告和作业计划等多维数据的作业风险预判，促进作业人员职业健康管理与安全生产管理高质量发展。本研究将建立基于作业人员健康状况的禁忌作业分析及风险预警平台，打通智慧安全监测平台，实现风险预警与作业计划的绑定。

本研究旨在通过采用数字化、智能化技术，实现对作业人员身体和精神状态的多维监测，以及对作业风险的预警和管控。研究的主要目标包括：

①健康数据数字化：实现体检报告数据的数字化，以及动态化实时更新。

②精神状态监测：专注于对作业人员的疲劳状态进行监测，以预防因疲劳引发的事故。

③多维风险预警：结合健康数据，进行作业风险的多维分析和预警。

针对以上目标，本研究主要围绕以下内容开展。

（1）动静态健康数据标准化采集技术研究

为了提高作业风险管理水平，降低事故发生率，优化作业计划和资源分配，提高员工的工作效率，降低企业管理成本，实现风险管理数字化和智能化，基于人工智能技术，建设基于作业人员健康状况的禁忌作业分析及风险预警平台。通过光学字符识别（optical character recognition，OCR）技术自动识别体检报告要点，实现身体指标自动定位与提取，同时通过健康小屋，定期采集和更新员工健康状态，构建员工健康档案信息库。

（2）多源异构数据融合分析及作业安全联动技术研究

开发一种基于人体体征历史数据、疲劳状态数据和作业计划关联数据的多模态智能风险预警模型。通过关联和融合多种数据来源，提取关键特征，构建预测模型，实现对潜在风险的准确预测和预警。该研究旨在为作业安全联动提供一种可靠且高效的方法，以提前预警潜在风险，并采取适当的措施保护作业人员的安全和健康。

（3）作业人员动态健康数据监测技术及可穿戴设备研究

研究不同健康采集设备的数据采集标准化技术，总结健康数据采集规范，为员工建立健康数字档案并进行动态数据更新，同时，研究基于脑电安全帽，实时采集现场作业人员的疲劳状态数据，为作业人员提供更全面和实时的监测与保护。

2 电力行业职业健康风险评估概述

2.1 电力行业职业健康风险评估现状

在各类工作作业中，人类的不安定活动、物体的不安定形态以及环境的不安定条件始终是普遍存在的。电力作业点多面广、内容繁杂，现有的作业风险评估方法多集中于对工作任务的静态分析，往往忽略了作业人员的即时状态、物体实时状态和环境变化对风险评估的影响。因此，需要发展能够综合考虑人、物、环境因素的动态风险评估方法。现场供电作业方面的风险管理，已经发展为企业安全管理的重要部分，是安全生产的最前线。根据海因里希的事故因果连锁理论[1]，系统运行的基本要求是保障人员安全，目标是实现安全、环保、综合的风险管理。南非国家职业安全协会（National Occupational Safety Association，NOSA）五星管理系统通过72个细分要素对安全、健康和环保三个维度进行分析，采用五星评价的方式来体现分析结果，鼓励企业持续改进和提升风险管理水平[2]。此后，学术界针对这一系统，不断地进行优化，最终建立了适合多个行业应用的安全管理系统。系统安全理论与可靠性理论结合，产生了人的可靠性分析（human reliability analysis，HRA）理论[3]。该理论着重研究“人”在系统中产生的影响，以分析、预测、减少与预防人的失误为研究内容，对人的可靠性进行定性、定量的分析和评价。

职业健康风险评估主要参考职业健康的相关法规进行，国外的相关法律法规颁布得较早，所以开展职业健康风险评估工作较早。美国于1983年提出了风险评估和管理理论[4]，之后相继建立了致突变、致生殖毒性、致神经毒性和致癌性等风险评估指南。20世纪90年代，美国、新加坡、英国、澳大利亚等多个国家及国际劳工组织建立了各自的职业危害风险评估模式，该类模式主要通过对危害因素的危害后果、严重程度、暴露频度和危害发生概率进行评估，从而确定职业危害风险等级。

20世纪80年代后期，职业健康安全管理体系开始传入中国，并得到了高度重视。1996年，中国劳动部劳动保护科学研究所、中国劳动保护科学技术学会等单位先后开始研究职业健康安全管理体系标准。中国石油天然气总公司于1997年先后制定并颁布了《石油天然气钻井健康、安全与环境管理体系指南》（SY/T 6283—1997）、《石油天然气工业健康、安全、与环境管理体系》（SY/T 6276—1997）、《石油地震队健康、安全与环境管理规范》（SY/T 6280—1997）三个行业标准。20世纪末，国家经贸委颁布了《职业健康安全管理体系试行标准》，国内大批企业采用，标志着国内职业健康安全管理体系认证工作全面开展。由于国内企业相继开始采用《职业健康安全管理体系试行标准》开展企业的安全管理工作，一时间该体系的评审认证工作出现较混乱的局面，《职业健康安全管理体系规范》（GB/T 28001—2001）随即应运而生，该标准与OHSAS18001:1999的体系架构和内容基本相同，规范了国内职业健康安全管理体系的认证工作。

现阶段，我国在风险评估方法的研究方面还处于起步发展阶段，在实战运用方面还处于初级阶段。下一步，我国在职业健康风险评估方面的研究目标将是建立适合自己的评估方法，通过改进或创新的方式，合理量化评估指标和级别。国内已经有许多职业健康工作人员和研究人员对于将风险评估方法用在职业卫生评价中的举措进行了研究和探讨。如将风险评估指数法应用于新建项目的职业病危害预评价中，得出了新建项目职业卫生预评价能够采用风险评估指数法的结论[5]。运用投资能力成熟度模型（investment capability maturity model，ICMM）评估许昌市某火电厂职业健康风险，分析得出该火电厂关键工作岗位职业健康风险较高，建议采取相应的风险控制策略[6]。运用风险评估法对化工企业进行职业病危害的现状评价，定量地评价职业病危害风险等级，使企业能够得到具有针对性的建议，帮助职业卫生监管部门有效地进行分级管理[7]。但在我国职业健康领域的实际工作中，尚未完全建立起风险评估系统，很多风险评估的技术和方法也未能在实际应用中得到推广使用。尤其是在特定行业的生产过程中，作业人员本身健康状况、环境风险源都不能被全面动态识别，造成风险评估结果应用有限。因此，需要结合具体行业特征，分析作业人员身体动态特征，并准确识别环境风险和作业安排，只有这样才能及早发现与评估作业人员的疲劳或身体不适情况，把职业健康危害和作业风险降到最低。

在电力方面的职业健康与安全风险评估，主要侧重于电力系统和电力检修作业的安全风险管控。例如识别电力系统的新风险，然后运用专家评价、矩阵分析等方法对这些新风险进行分析和评价，同时还特别强调对电力系统中主要的新风险的管控措施。利用专家调查法对供电公司变电检修作业进行风险辨识，采用定性、定量相结合的分析方法进行风险评价，用计算模糊隶属度的方法判断各个风险因素的等级并评估作业风险，最后对检修作业安全风险采取预控措施。以大修为例，研究考虑了电力行业有效的安全管理经验和方法，构建了以风险管理为基础的、具有电力生产特点的、可操作性优良的先进安全风险管理体系。虽然这些研究可对具体电力作业进行风险识别和定性风险评估，但是在人、物、环境等因素的动态风险识别上存在明显不足，整体风险评估的结果只适用于静态评价，不能满足动态的实时评估要求，尤其是对于作业人员疲劳等因素的风险预警无能为力。随着可穿戴装备、智能感知、物联网等技术的发展，智能系统能够识别更多的人、物、环境等动态风险因素，通过将这些因素与风险评估和风险管理理论相结合，可以对作业人员的即时状态进行动态、实时的风险评估与预警。这为解决职业健康与安全生产发展中存在的问题提供了新的思路和方法。

2.2 职业健康风险识别与评估方法

动静态的数据综合分析对实现人员健康风险预警有重要意义，其数据的标准化采集面临已有静态数据的电子化与结构化困难、动态数据的采集与分析手段匮乏等难题。

（1）静态数据的电子化与结构化

已有静态体检数据的电子化与结构化涉及表格数据的识别问题。表格数据在生成与存储过程中往往以图片或可移植文档格式（portable document format，PDF）文件的形式存在，会丢失易于计算机理解的原有结构信息。若是采用人工手段对表格进行重新录入处理，会出现效率低下、易出错等问题。因此，如何让计算机从文档或图像中自动识别表格、提取信息，成为文档识别领域一个重要的研究问题[8]。

一般而言，表格识别可分为三个步骤，即表格区域检测、表格结构识别和表格内容识别。

对图像或PDF文件中的表格进行识别，需要先确认表格区域所在位置。传统的表格区域检测方法大多基于启发式规则或者简单的机器学习算法，依赖于图像预处理和文档分析获得的线条、文本块等视觉信息。Watanabe等[9]、Hirayama[10]通过对扫描文档进行图像处理，获取文档中的文本块以及水平线和垂直线的方式来定位表格。随着深度学习技术的发展，表格区域检测逐渐成为计算机视觉中语义分割和目标检测任务中的一个具体应用。Gilani等[11]在采用相同的目标检测网络的同时，还使用了3种距离变换来增强页面图像特征。He等[12]将表格检测作为文档分割的子任务，使用全卷积网络（fully convolutional networks，FCN）作为基础模型，考虑了多尺度特征，同时进行表格、段落以及图像的边缘检测和分类，最后通过连通体分析、条件随机场等确认表格区域所在位置。

表格结构识别往往是表格区域检测后的任务，其目标是识别出表格的布局结构、层次结构等，将表格视觉信息转换成可重建表格的结构描述信息。这些表格结构描述信息包括单元格的具体位置、单元格之间的关系等。基于深度学习的表格结构识别算法可以分为自底向上的方法、自顶向下的方法。其中，自底向上的方法主要特点是先进行表格单元格和文本块的检测，再进行单元格关系的分类；自顶向下的方法则先进行表格行列的分割，之后对单元格进行合并等操作。Prasad等[13]主要在前半部分的单元格检测阶段进行研究，提出了Cascade TabNet，一种基于级联掩膜区域的卷积神经网络（convolutional neural networks，CNN），具有高分辨率，能同时检测单元格和表格，能在检测表格位置的同时，将表格分为有线的表格和无线的表格。Qasim等[14]提出使用图网络来解决单元格之间的关系判断问题，先使用OCR引擎获取图片中文本的位置和内容，之后使用卷积神经网络获取单元格的视觉特征，并以单元格位置为位置特征，以文本的长度为文本特征，3种特征融合为每个文本块的特征。

表格内容识别的研究包含两个方面，一方面是对单元格内的文本进行识别，一般在获得单元格位置信息之后，使用鲁棒性较好的光学字符识别（OCR）方法进行识别，这方面内容不属于表格识别的研究范畴，不做详细介绍；另一方面是根据整个表格内容进行表格分类、单元格分类以及表格信息抽取等任务。Fang等[15]比较了使用简单的启发式算法和基于机器学习的分类算法之间的效果。其中启发式算法假设表格的行列、表头分别存在于表格的左边和上边，计算表格中连续两行/列的相似性，并把从上到下/从左到右出现的第1个局部最小值当作表头和数据的分隔，从而得到表头。

（2）动态健康数据的采集与分析

心率变异性（heart rate variability，HRV）是指连续心跳之间时间间隔的微小变化。这种看似简单的生理现象实际上蕴含了丰富的信息，反映了人体自主神经系统的调节能力和整体健康状况。近几十年来，HRV分析已发展成为一种强大的非侵入性工具，在医学、心理学、运动科学等多个领域发挥着重要作用。HRV主要受自主神经系统调控，包括交感神经和副交感神经的影响。健康的心脏具有较高的变异性，能够迅速适应内外环境的变化。Kleiger等的开创性研究表明，心肌梗死后HRV降低与死亡风险增加显著相关[16]。这一发现为后续研究奠定了基础，揭示了HRV与多种生理病理状态具有关联。

HRV分析在临床上有重要意义。在心血管疾病风险评估和预后预测方面，弗雷明汉（Framingham）的心脏研究发现，较低的HRV与心血管事件风险增加相关。具体而言，全部窦性心搏RR间期的标准差（standard deviation of NN intervals，SDNN）每降低1，心脏事件风险增加32%[17]。在冠心病患者中，HRV分析可用于评估猝死风险。La Rovere等的研究显示，心肌梗死后低频功率（LF）<35 ms^2的患者，两年内心脏性猝死的风险显著增加[18]。在个体自主神经功能评估方面，HRV分析用于糖尿病自主神经病变的早期诊断。Vinik等的研究表明，HRV指标［如全程相邻NN间期之差的均方根值（root mean square of successive differences，RMSSD）］的降低可能是糖尿病自主神经病变的早期指标，甚至在临床症状出现之前就可被检测到[19]。此外，HRV分析还可用于帕金森病患者的自主神经功能评估。Kallio等发现，

帕金森病患者的HRV指标［尤其是高频功率（HF）］显著低于健康对照组，反映了其副交感神经功能的下降[20]。在个体压力和恢复能力评估方面，HRV分析可用于工作压力评估。Chandola等的研究发现，长期工作压力与HRV降低显著相关，特别是夜间的HRV指标[21]。HRV分析也可用于军事训练中的压力监测。Jouanin等利用HRV分析评估军事飞行员在模拟任务中的压力水平，发现任务难度增加时，LF/HF的值显著上升[22]。在睡眠质量评估方面，HRV分析可用于睡眠呼吸暂停综合征（obstructive sleep apnea syndrome，OSAS）的筛查。Gula等的研究显示，夜间HRV的周期性变化可以作为OSAS的筛查工具，灵敏度可达90%[23]。HRV分析还可用于评估不同睡眠阶段的自主神经活动。Tobaldini等的研究发现，快速眼动（rapid eye movement，REM）睡眠期间LF/HF的值升高，反映了交感神经活动的增加[24]。

基于HRV分析具有重大的临床生理心理意义，其也衍生出其他广泛的应用。在个性化医疗方面，HRV分析用于抗抑郁药物治疗效果预测。Jain等的研究发现，治疗前HRV较高的患者通过抗抑郁药物治疗具有更好反应[25]。在心衰患者的个性化治疗中，Adamson等利用植入式心脏设备监测HRV，根据HRV变化及时调整治疗方案，显著降低了心衰患者的住院率[26]。在可穿戴设备和远程监护方面，苹果心脏健康研究涉及419 297名参与者，利用智能手表的每分钟脉搏（pulse per minute，PPG）传感器监测HRV，成功识别潜在的房颤患者[27]。Pereira等开发了一种基于HRV的算法，通过可穿戴设备远程监测新型冠状病毒（COVID-19）感染患者的病情进展[28]。在运动科学方面，Plews等的研究发现，晨起静息HRV可以有效反映运动员的恢复状态，帮助优化训练负荷[29]。Atlaoui等发现，游泳运动员的HRV指标与其比赛成绩显著相关，可用于预测峰值表现[30]。在心理健康方面，Nagpal等的研究表明，创伤后应激障碍（post-traumatic stress disorder，PTSD）患者的HRV显著低于健康对照组，特别是高频功率的降低更为明显[31]。Krygier等利用HRV分析评估了正念冥想的即时效果，发现冥想过程中HF显著增加，反映了副交感神经活动的增强[32]。

HRV分析作为一种非侵入性、高效的评估工具，在临床医学、预防医学、运动科学和心理健康等多个领域展现出巨大的潜力。从心血管健康评估到个性化医疗，从运动表现优化到心理状态监测，HRV分析正在改变人们理解和管理健康的方式。随着技术的进步，特别是可穿戴设备和人工智能算法的创新和发展，HRV分析有望在未来的医疗保健和健康管理中发挥更加关键的作用。

疲劳识别在驾驶安全、生产作业以及长时间监控等领域有着重要的应用价值。随着现代社会对驾驶安全和工作效率的重视，疲劳识别成为一个重要的研究课题。传统的疲劳识别方法通常依赖于行为学指标和主观报告，存在实时性差、主观性强的问题。例如，基于眼动追踪和面部表情识别的疲劳识别方法，虽然能够提供一定的参考信息，但其识别精度和鲁棒性较低。此外，基于自我报告的主观疲劳评估方法受个体主观因素影响较大，难以实现实时监测和精准评估。

脑电图（electroencephalogram，EEG）作为一种直接反映

大脑活动的生物电信号，因其客观性和高时间分辨率，成为疲劳识别的重要手段。EEG包含丰富的脑部活动信息，可以反映个体在不同状态下的认知和生理状态变化。通过分析EEG的特征，可以有效地识别个体的疲劳状态。然而，EEG在疲劳识别中的实际应用往往受多通道系统复杂性的限制。前额通道提取的EEG尽管更实用和便携，但与全帽设置相比，它们可能具有更大的噪声和更差的信号质量。个体差异、信号质量和任务变化都会显著影响识别模型的性能，导致疲劳识别效果不稳定。

EEG分析在疲劳识别中的应用不仅能够克服传统方法的局限，还能提供更为深入的脑部活动信息。例如，不同频段的脑电波（如α波、β波、θ波和δ波）能够反映个体在不同状态下的认知和生理变化。具体来说，α波通常与放松状态相关，β波与清醒和警觉状态相关，θ波与轻度疲劳和放松状态相关，δ波则与深度睡眠和严重疲劳状态相关。通过对这些脑电波的频段特征进行分析，可以更准确地识别个体的疲劳状态。

此外，EEG的时频特征分析［如短时傅里叶变换（short-time fourier transform，STFT）和小波变换］能够提供时间域和频率域的联合信息，有助于更精确地捕捉疲劳状态的动态变化。这些方法可以揭示在疲劳状态下，大脑在不同时间点上的频谱变化情况，从而实现对疲劳状态的实时监测。

深度学习是一种基于人工神经网络的机器学习方法，通过模拟人脑处理信息的方式，能够从大量数据中自动学习特征和模式，用于图像识别、语音处理、自然语言处理等多种复杂任务。近年来，深度学习技术的发展为EEG处理和疲劳识别提供了新的解决方案。CNN通过多层卷积和池化操作，能够自动提取信号中的有效特征，克服了传统方法中手工特征提取的局限性[33]。然而，尽管CNN在EEG处理方面展示出强大的特征提取能力，但用尽可能少的信号在跨受试者的情况下实现高效稳定的疲劳识别仍然是一个挑战。

深度学习方法还可以结合EEG的空间特征和时间特征，实现更为全面的疲劳识别。例如，通过使用长短时记忆网络（long short-term memory，LSTM）等循环神经网络[34]，可以捕捉EEG中的时间序列特征，提高疲劳识别的准确性和鲁棒性。

3

关键技术与原理

3.1 员工生理数据动态采集

3.1.1 柔性传感技术

柔性传感技术是一个跨学科的研究领域，它整合了设备物理、材料科学和微纳加工技术。由此技术制造的柔性传感器，能够通过将外部的物理或化学刺激转换为电信号，即电流、电压、电阻和电容，来模仿人类的传感特性。根据其传感机制，柔性传感器可以分为四种代表类型：电容传感器（通过传统的电容效应或超级电容的离子电子效应实现传感）、电阻传感器、压电传感器和摩擦电传感器。本研究部分将对柔性传感器的基本组成、功能材料以及创新结构进行介绍[35]。

3.1.1.1 基本组成

柔性传感器的基本组成包括以下几个部分。

（1）柔性基底

柔性基底是柔性传感器的基础和关键组成部分，它为其他材料（如导电材料和电路）提供强有力的支撑。目前已经开发了多种聚合物薄膜，如聚酰亚胺（polyimide，PI）、聚对苯二甲酸乙二醇酯（polyethylene terephthalate，PET）和聚萘二甲酸乙二醇酯（polyethylene naphthalate，PEN），它们因其柔韧性、热稳定性和化学抗性而被用作柔性传感器的基底[36-37]。

拉伸性也是柔性基底所需的一个非常重要的特性。具有低杨氏模量和高拉伸性的聚合物，如聚二甲基硅氧烷（polydimethylsiloxane，PDMS）、Ecoflex、热塑性聚氨酯（thermoplastic polyurethane，TPU）弹性体、苯乙烯嵌段共聚物、天然橡胶、丁苯橡胶、聚烯烃弹性体和弹性水凝胶，是一些常见的为柔性传感器提供拉伸性的柔性基底。除了柔韧性和拉伸性，理想的柔性基底应表现出类似皮肤的特性，实现身体的热负荷最小化，用户的舒适度最大化。这些特性要求材料具有多孔结构，如纤维、纸张和气凝胶就具有这种结构[38-40]。尽管这些材料透气、柔韧和可拉伸，但它们的拉伸性并不如上述具有低杨氏模量的材料，也不能满足柔性基底当前的需求。因此，开发具有高柔韧性、高拉伸性和透气性的基底已成为研究热点。目前，开发这类基底的常见方法是使用电纺工艺在可拉伸聚合物中创建多孔结构。例如，Wang等[41]提出了一种基于电纺技术的PU-PDMS芯鞘增强纳米网，它能在高达60%的应变下表现出非凡的机械耐久性（5 000次拉伸/释放循环）。然而，这些性能也可以通过纺织技术实现。例如，Dong等[42]提出了一种由单一能量收集纱线编织的摩擦纳米发电机（triboelectric nanogenerator，TENG）织物，借助纬编技术实现了高弹性、柔韧性和拉伸性。

（2）*活性层*

活性层是柔性传感器的关键组成部分。它由传感层和电极层组成，其功能是将外部刺激转换为电信号并传输。在活性层中引入功能材料和创新结构可以提高柔性传感器的灵活性、拉伸性和感测性能，包括灵敏度（柔性传感器对外部刺激变化的敏感度，即输出电信号与刺激变化率之比）、动态范围（柔性传感器可以稳定运行的传感范围，在这个范围内，传感器能够准确地将外部刺激转换为电信号）、响应时间（柔性传感器从被施加刺激到输出稳定信号的时间）、松弛时间（柔性传感器从移除刺激到信号恢复到稳定状态的时间）以及检测限（包含外部刺激最小值和最大值的测量区域）。

3.1.1.2　功能材料

功能材料是活性层的核心部分。它在提高柔性传感器的感测性能、灵活性和拉伸性方面发挥着至关重要的作用，并为智能感知系统的发展奠定了基础。近年来，已经发现了许多用于柔性传感器的功能材料。本研究将对最具代表性的材料进行系统总结和阐述，即一维/二维/三维纳米材料、导电聚合物。这些材料可以通过浸涂、喷涂、滴涂、3D打印、层层沉积、电化学沉积和原位聚合等方法与活性层有机结合。

（1）一维纳米材料

一维纳米材料被定义为3个尺寸中有1个不在0.1～100 nm之间的材料，例如金属纳米线（NW）、碳纳米管（CNT）和陶瓷纳米线。根据渗透理论[43]，金属NW和CNT由于其高长径比而具有高导电性，这赋予了电极层出色的灵活性和拉伸性，并在感测层中实现了有效导电路径的构建。金属NW的研究主要集中在金（Au）NW、银（Ag）NW和铜（Cu）NW上，由于它们具有出色的导电性和机械柔韧性，已成为柔性传感器中最常见的电极材料。

（2）二维纳米材料

二维纳米材料被定义为3个尺寸中有2个不在0.1～100 nm之间的材料。它们由单层或少数几层原子或分子组成，其中层内通过强共价键或离子键连接，层间由弱范德华力吸引。迄今为止，典型的二维纳米材料包括石墨烯、氮化硼、二硫化钼（MoS_2）、二硫化钨，以及MXene。这些材料由于其独特的二维结构，展现出独特的性能和功能。

（3）三维纳米材料

三维纳米材料被定义为由尺寸为1～100 nm的颗粒构成的大量材料。目前，三维纳米材料的研究热点是以金属有机框架（metal organic framework，MOF）为主要材料。MOF是一种具有三维结构的配位聚合物，由金属离子（M）形成连接点，有机配体（O）形成空间三维扩展，通过自组装形成周期性排列的骨架结构（F）进行修饰或主客体组装。

（4）导电聚合物

导电聚合物是由一些具有共轭π键的聚合物经化学或电化学掺杂而形成的。它的导电性可以从绝缘体延伸到导体。由于导电聚合物的柔韧性和拉伸性接近传统塑料，且载流子的传输速度接近硅电子，因此在柔性传感器领域具有巨大的应用潜力。

一维、二维和三维纳米材料因其独特的尺寸效应和物理化学特性，为柔性传感器提供了卓越的感测性能和机械柔韧性。导电聚合物的柔顺性和可调的导电性为柔性传感器的创新设计和性能优化提供了丰富的可能性。这些材料的有机结合和创新应用不仅推动了柔性传感器技术的进步，也为构建能够模拟甚至超越人类感知能力的智能感知系统奠定了坚实的基础。

3.1.1.3 提高感测性能的创新结构

引入创新结构对于优化智能感知系统中内置柔性传感器的整体性能至关重要。近年来，各种创新结构层出不穷，极大地推动了柔性传感器的发展。本节将以柔性触觉传感器为例，重点讨论以下四种创新结构：单面结构、互锁结构、3D多孔结构和裂纹结构。通常，柔性触觉传感器采用“三明治”结构，由上电极层、下电极层和中间感测层组成，其感测性能主要取决于活性层的图案设计和加工。具体来说，通过活性层的图案设计，可以增大柔性触觉传感器的压缩性和有效介电常数（接触界面的有效面积），从而实现传统电容（超级电容离子）触觉传感器的更大电容变化。电阻式触觉传感器具有微纳结构，初始接触面积较小，在外部压力作用下，接触面积和导电路径大幅增加，从而有效提高传感器的灵敏度。在摩擦电触觉传感器的活性层中引入微纳结构，可使传感器具有更好的防潮性能，确保能量输出效率，并大幅增大有效接触面积，提高摩擦表面的摩擦电荷密度。因此，研究人员开发了各种微纳加工方法来增强柔性触觉传感器的性能，如创新结构的模板转移方法、磁性辅助方法、3D打印方法和水热生长方法。

（1）单面结构

单面结构是柔性触觉传感器中最常见的微纳结构，因结构简单和性能优异而受到广泛关注。根据形态是否规则和可控，单面结构可分为两类：形态可控结构和形态不可控结构。形态可控结构通常通过光刻、阳极氧化铝纳米压印或激光标记技术制造，而形态不可控结构则可能基于自然生物模板制造。

（2）互锁结构

互锁结构指的是界面中相互独立的物体之间相互作用的结构，这种结构在自然界中普遍存在，从微观的生物结构如昆虫和植物，到人类的触觉感知系统，都存在这种结构。这种结构通过在微脊尖端产生高应力集中，放大触觉刺激并传递给附近的机械感受器，从而提高传感器的灵敏度和性能。

（3）3D多孔结构

3D多孔结构指的是由相互连接或封闭的孔组成的3D网络结构，如泡沫、海绵和气凝胶。3D多孔结构通过降低结构刚度，提高材料的压缩性和提供足够的弹性变形空间，从而实现在柔性传感器中大范围的压力感测。

（4）裂纹结构

裂纹结构源自自然界中的生物结构，这种结构对包括蜘蛛和蝎子在内的节肢动物的生存至关重要。裂纹结构模仿了节肢动物的裂缝形状的裂缝器官，这种结构在微小的振动下也能产生形变，触发底层感觉神经的神经冲动，使传感器能够极其灵敏地检测到微小的压力变化。

3.1.1.4 提高灵活性和拉伸性的创新结构

（1）纺织结构

纺织结构通常指的是纺织品的几何结构，即经纱和纬纱之间的空间网络关系。近年来，随着可穿戴电子设备的迅速兴起，直接附着在人体柔软和弯曲部位的基于纺织品的柔性传感器逐渐成为主流。这些传感器包括纳米纤维、纱线和织物。此外，这些设计有纺织结构的柔性传感器拥有许多理想特性，如灵活性和拉伸性。它们通常采用自适应的网状结构，具有可调节的纤维方向，可以同步跟随附着物体，即人体、假肢或机器人的运动。根据纤维方向和结构尺寸的观点，纺织品主要分为一维织物、二维织物和三维织物。一维纱线可以通过编织、针织、缝纫和毛毡化的方法整合到二维织物中。Fan等[44]提出了一种基于摩擦电的全织物传感器阵列（triboelectric all-textile sensor array，TATSA），它将导电材料和尼龙纱线以全开衫缝法编织在一起。TATSA实现了高压力灵敏度、快速响应和出色的稳定性，并且可以直接集成到对应脉搏波的不同织物部位，如颈部、手腕、指尖和脚踝位置，以及对应呼吸波的部分，如腹部和胸部。Uzun等[45]成功地将涂有MXene的棉和其他基于纤维素的纱线编织成样布，并研究了不同的二维缝纫图案，特别是针织循环的几何结构。上述通过整合一维纱线形成的二维织物，可以通过添加额外的方向性纱线进一步形成三维织物。与传统的二维织物结构相比，三维织物结构具有不同的属性，如结构完整性、尺寸稳定性、灵活性和拉伸性，因此被用于各种可穿戴电子设备。

（2）波纹/褶皱结构

波纹/褶皱结构在自然界中广泛存在，通常是由于不均匀受力引起弯曲变形而形成的结构，例如人体皮肤表面的波纹/褶皱结构。目前，大多数具有拉伸性的柔性传感器是通过将硬质导电材料和聚合物结合制造而成的。然而，随着施加应变的增加，它们的导电性逐渐降低，这影响了它们在拉伸条件下的性能。作为一种合理的设计策略，波纹/褶皱结构具有独特的优势，如高拉伸性、大比表面积和各向异性的表面形态。波纹/褶皱结构可以通过预应变法、热膨胀法和水合法三种主要策略形成。预应变法因其简便性和可控性成为主导方法。最近，有报道称通过使用Ar等离子体处理的聚二甲基硅氧烷（PDMS）预应变基底，可控地引入了共形石墨烯波纹，成功制备了一种超薄可拉伸的波纹石墨烯复合材料。该复合材料在拉伸过程中表现出无裂纹的拓扑结构演变，表明波纹/褶皱结构能够通过在拉伸期间展开结构来适应外部机械应力并将其分散。

（3）蛇形结构

蛇形结构是一种蜿蜒的结构，由两个半圆通过直线连接，形成周期性重复的几何形状，它可以在平面内旋转或在平面外弯曲，以减少拉伸应变下的形变。将蛇形结构应用于柔性传感器，不仅可以提供灵活性和拉伸性，而且还可作为导线与硬质电子元件互连，构建柔性系统级设备。Li等[46]报告了一种基于无接触电阻结构的可拉伸应变传感器设计。实验结果和有限元分析显示，通过设置较大的弧段半径、较小的PI基板宽度、较长的直线段长度和较大的封装层厚度，可以实现高弹性范围。在感测过程中，既没有观察到不稳定的接触电阻，也没有观察到非线性的本构和几何行为，保证了高重复性（重复性误差=1.58%）和线性度（拟合优度>0.999）。

（4）剪纸结构

剪纸结构源自中国传统的剪纸艺术，纸张经过折叠和切割形成装饰物。它允许在线性方向以及三维方向上发生形变，从而为提高柔性传感器的拉伸性提供了先进的方法。具有剪纸结构的设备在拉伸试验中的三个阶段：①在弹性变形下，进行平面内拉伸。②当设备应变超过临界屈曲载荷时，平面外形变占主导地位。由于铰链的弯曲和扭转引起的机械双稳定性，设备能够在远低于没有剪纸结构的设备的应力下承受高拉伸。③进一步拉伸会使设备硬化，导致其断裂。

○ 3.1.2 物联网（IoT）技术

3.1.2.1 物联网的定义及特征

互联网技术的飞速发展促成了信息全球化，使人与人之间的沟通变得前所未有的便捷。然而，传统的信息交流主要局限于人与人之间的交流，这在某种程度上限制了交流的广度。为了打破这一局限，实现更广泛的交流，包括人与物品、物品与物品之间的互动，“物联网”应运而生。物联网（internet of things，IoT）是互联网的延伸，它通过整合各种感知设备和网络技术，构建了一个广泛连接的系统，允许人和物体之间进行无缝的连接、信息交换和智能服务[47]。尽管目前物联网还没有一个统一的标准定义，但人们普遍认为它是一个将信息感知设备与互联网结合的网络，它基于互联网和传统电信网络，使所有具有独立地址的普通物体能够相互连接。

物联网一般具有三个方面的重要特征[47]。

（1）互联网特征

物联网基于互联网，通过增加感知层和应用层，扩展了互联网的功能。物联网的终端设备具有多样性和广泛性，包括各种类型的传感器、执行器和智能设备。

（2）识别与通信特征

物联网的一个关键特性是使物品能够被感知和识别。这通常通过在物品中嵌入传感器和应用识别技术来实现，使物品具备自动收集信息并做出基本判断或响应的能力。

（3）智能化特征

物联网设备不仅能够感知和识别环境，还能够根据收集到的数据进行自我调节和智能决策，从而减少对人工干预的依赖。这种智能化使物联网系统更加高效、灵活，并便于使用和管理。

3.1.2.2 物联网的架构

物联网的架构通常被分为三个主要层次：感知层（perception layer）、网络层（network layer）和应用层（application layer）。以下是对这三个层次的详细描述。

（1）感知层

感知层是物联网架构的基础，负责收集物理世界的各种信息。这一层主要由传感器（sensor）和执行器（actuator）组成[48]。

传感器：传感器是感知层的核心，用于检测环境中的各种参数，如温度、湿度、光线、压力、运动等[49]。传感器可以是被动的，只检测信息；也可以是主动的，能够通过发送信号引起某些反应。例如，温度传感器可以监测环境温度，而运动传感器可以检测物体的移动。

执行器：与传感器相对应，执行器负责根据接收到的指令或数据来执行物理动作，如开关灯、调节温度、启动机械等[50]。执行器在物联网中扮演关键角色，能够将数字信号转换为物理动作，从而影响现实世界。

数据采集单元（data acquisition units）：这些单元负责将

传感器收集的模拟信号转换为数字信号，以便进一步处理和传输。数据采集单元是物联网系统中至关重要的一环，确保信息从物理世界到数字世界的无缝转换。

边缘设备（edge devices）[51]：在某些情况下，边缘设备如智能网关或路由器可以被用来在本地处理数据，以减少对中央服务器的依赖。边缘设备能够实时处理和分析数据，提供快速响应并减少带宽需求 。

（2）网络层

网络层负责将感知层收集的数据传输到应用层。这一层应用了多种通信技术和协议[52]，具体如下。

短距离通信技术：如蓝牙（bluetooth）、Wi-Fi、ZigBee等，适用于短距离、低功耗的数据传输。这些技术在智能家居、可穿戴设备等领域得到广泛应用[52]。

广域网通信技术：如蜂窝网络（2G/3G/4G/5G）、卫星通信等，用于覆盖较广的地理范围[53]。这些技术使得物联网设备能够在全球范围内通信，在远程监控和工业场景中应用广泛。

网关（gateways）：网关作为连接感知层和网络层的桥梁，负责数据的聚合、转换和路由[54]。网关设备能够使数据在不同的通信协议之间进行转换，从而确保数据的顺畅传输。

通信协议：包括消息队列遥测传输（message queuing telemetry transport，MQTT）协议、受限应用协议（constrained application protocol，CoAP）等轻量级协议，以及超文本传输协议（hyper text transfer protocol，HTTP）、WebSocket等更通

用的协议，用于设备间的通信[55]。轻量级协议尤其适用于资源受限的物联网设备，能够有效减少通信开销。

网络安全：在网络层，数据加密、身份验证和访问控制等安全措施，对于保护数据的完整性和隐私至关重要[56]。在物联网设备面临的安全威胁不断增加的现况下，强有力的网络安全措施是确保系统可靠的关键。

（3）应用层

应用层是物联网架构的顶层，通常具有强大的数据处理能力，可以对数据进行实时分析或将数据发送到云平台进行深入分析，提供与用户交互的接口和服务[57]，具体如下。

数据处理和分析：大数据分析技术在应用层中发挥了重要作用，帮助企业从物联网数据中挖掘有价值的信息。

云平台（cloud platforms）：云服务提供了几乎无限的存储和计算能力，允许物联网系统处理和分析大量数据。云平台还具备可扩展性和灵活性，使物联网应用能够快速扩展和升级。

用户界面（user interfaces）：用户界面允许用户监控和控制物联网设备，可以是网页、移动应用或专用软件。友好的用户界面设计能够提升用户体验感和提高操作效率 。

服务和业务逻辑：应用层还包含业务逻辑和规则引擎，用于根据数据和用户的输入执行特定操作。业务逻辑的自动化和智能化是物联网应用层的重要特征 。

应用程序编程接口（API）和集成：应用层通过API与其他系统和服务集成，实现更广泛的功能和自动化。API使不同系统之间能够进行无缝通信和数据交换。

用户定制和个性化服务：应用层可以根据用户的需求和偏好提供定制化的服务和体验。个性化的物联网应用能够更好地满足用户的特定需求，提升用户满意度。

物联网的这三个层次相互协作，形成了一个完整的系统，使物理世界与数字世界能够无缝连接，实现智能化的管理和控制。

3.1.2.3　无线通信技术

无线通信技术作为物联网的关键组成部分，为设备间的互联互通提供支撑。

Wi-Fi：Wi-Fi是一种无线局域网（wireless local area network，WLAN）技术，它基于IEEE 802.11标准，允许电子设备通过无线信号连接无线网络[58]。Wi-Fi使用无线电波在设备之间传输数据。它通常在2.4 GHz或5 GHz的无执照频段上运行，具有不同的传输速率和覆盖范围。Wi-Fi有多个标准，包括802.11a/b/g/n/ac/ax等，每个标准都有其特定的数据传输速率和特性。例如，802.11b提供最高11 Mbps的速率，而802.11ac和802.11ax（Wi-Fi 6）则提供更高的速率和更好的性能。Wi-Fi被广泛应用于家庭、办公室、公共热点区域等。Wi-Fi网络可以通过多种安全协议保护，包括有线等效保护（WEP）、Wi-Fi保护接入（WPA）、Wi-Fi保护接入第二版（WPA2）等。这些协议提供了不同级别的加密和身份验证，以保护数据传输的安全性[59]。Wi-Fi的主要优势包括易于设置、具备广泛的设备兼容性和较高的数据传输速率。然而，它也有局限性，如信号可能受到物理障碍物的干扰，在拥挤的环境下可能会出现性能下降的问题[60]。

蓝牙：蓝牙技术是一种短距离无线通信技术，由爱立信公司在1994年首次提出，并在1998年蓝牙特别兴趣小组（Bluetooth SIG）成立时正式推出[61]。蓝牙技术基于IEEE 802.15.1标准，主要在2.4 GHz的工业、科学和医疗（industrial scientific medical，ISM）频段上运行，使用频率跳变扩频（frequency hopping spread spectrum，FHSS）技术来减少干扰并提高数据传输的可靠性[62]。蓝牙技术的主要特点包括低功耗、低成本、易于设置和使用，以及支持多种设备之间的通信[63]。蓝牙技术经历了多个版本的更新，包括蓝牙1.0至蓝牙5.0，每个版本都带来了新的功能和改进。例如，蓝牙4.0引入了低功耗蓝牙（bluetooth low energy，BLE），而蓝牙5.0则进一步提高了数据传输速率和扩大了通信范围[64]。蓝牙技术被广泛应用于个人区域网络，如无线耳机、无线音箱、无线键盘、无线鼠标等设备的连接。此外，它也被用于智能家居、健康监测、车载系统和智能手表等领域[65]。蓝牙技术提供多种安全机制，包括配对过程、加密和身份验证，以确保数据传输的安全性[66]。蓝牙技术的优势包括广泛的设备兼容性、易于使用和低功耗。然而，它也有局限性，它的局限性包括通信范围相对较小和可能受其他2.4 GHz设备干扰。随着物联网和智能设备的普及，蓝牙技术预计将继续发展，以支持更多的应用场景和提供更高的性能。

ZigBee：ZigBee是一种无线通信协议，由ZigBee联盟（ZigBee Alliance）制定和维护，该联盟成立于2001年，目的是创建一种能够满足特定应用需求的无线通信标准。ZigBee主要在2.4 GHz未授权的ISM频段上运行，使用频率跳变扩频技术来提高抗干扰能力和通信可靠性[67]。ZigBee的主要特点包括低功耗、低数据传输速率、高安全性和支持大量设备连接。它适用于需要长寿命电池和安全通信的应用场景[68]。ZigBee被广泛应用于智能家居、工业控制、医疗保健、能源管理和电子消费等领域。它特别适合于构建传感器网络和执行器网络，可以实现设备的远程监控和控制[69]。ZigBee提供多层次的安全机制，包括网络层安全、应用层安全和设备安全。它支持AES-128加密算法，以确保数据传输的安全性和防止未授权访问[70]。ZigBee的优势在于，其低功耗特性适合于电池供电的设备；它的安全性也使其适用于需要保护隐私的应用。ZigBee的局限性包括相对较低的数据传输速率和较短的传输距离，以及对环境干扰的敏感性。

5G：5G是由第三代合作伙伴计划（3rd generation partnership project，3GPP）组织制定的一系列通信标准，旨在满足日益增长的数据需求和新兴的物联网（IoT）应用的要求。5G基于新的无线接入技术（new radio，NR），可以在多个频段上运行，包括毫米波（millimeter wave）频段，这使得5G能够实现超高速的数据传输[71]。5G的主要特点包括：①高速率：5G能够提供高达10 Gbps甚至更高的数据传输速率，比4G LTE快数十倍。②低延迟：5G的延迟可降至1 ms以下，这对于实时应用和自动化系统至关重要。③高连接密度：5G网络能够支持每平方千米高达百万个设备的连接，适用于物联网环境。5G采用了一系列创新技术，包括网络切片、大规模多输入多输出（multiple-input multiple-output，MIMO）、小基站部署和先进的调制技术等[53]。5G网络的设计考虑了用户使用安全性，提供用户身份验证、数据加密等安全机制，同时考虑了网络安全性，以保护用户数据和防止未授权访问[72]。然而，5G也面临一些挑战，如技术实施的复杂性、成本和对基础设施建设的需求较高[73]。

每种无线通信技术都有其特定的优势和应用场景。选择哪种技术取决于物联网项目的具体需求，需要综合考虑传输距离、功耗、数据传输速率、成本和设备兼容性等因素。随着物联网的不断发展，这些技术也在不断演进，以满足日益增长的连接需求。

3.2 体检报告识别与数据提取

3.2.1 OCR技术的定义和意义

光学字符识别（OCR）是一种使用光学技术将印刷或手写文本转换为计算机可编辑和搜索的电子数据的过程。OCR技术通过扫描文档、图像或照片，识别其中的字符，并将其转换为计算机可读的文本格式。OCR系统工作一般包括以下三个基本步骤：图像预处理、字符识别和后处理。

通过广泛使用OCR技术，可以大幅度提高文本处理的效率和准确性。在需要使用大量文本数据的场景中，尤其是做医疗记录时，传统的手动输入方式不仅耗时费力，还容易出现错误。OCR技术通过自动识别和转换文本信息，减少人为输入的错误，避免了重复劳动，提高效率。通过将大量的纸质体检报告转换为电子文档格式，可以显著提高工作效率。

此外，通过使用OCR技术将纸质文档电子化，可以大幅度提高信息存储、管理、传递和检索的效率。电子文档可以通过关键字搜索、分类管理等方式快速找到所需信息，避免翻找传统纸质文档的麻烦。例如，通过将纸质的体检报告转换为电子版，医生及相关部门能够快速地联网获取体检报告，从而提高信息的传递效率。

○ 3.2.2 OCR的预处理

在OCR文本检测和识别中，图像的质量会对文本检测和识别的准确性起到至关重要的作用。高质量的图像可以显著提高OCR系统的性能，而低质量的图像往往会降低OCR文本检测和识别的准确率，导致识别结果不准确甚至识别失败。在低质量图像中，往往存在如倾斜、褶皱、模糊和虚景等缺陷。为了消除或减少这些缺陷，提高后续检测和识别的准确率，以减少对OCR系统整体的影响，图像预处理在OCR技术中被广泛使用。在进行图像预处理时，有两类常用的预处理算法，分别为数据增广和图像二值化[74]。

（1）数据增广

OCR文本检测与识别的对象是各种不同形态和位置的文字，一个稳定的识别模型需要大量的数据来覆盖尽可能多的场景，因此往往需要使用数据增广的方法来提高数据集的多样性[75]。当前使用较为广泛的数据增广方法可以分为以下四类。

①标准数据增广：包括旋转、透视变换、模糊、高斯噪声、随机裁剪等。

②图像变换：对随机裁剪后的图像进行一些变换，如自动增广（auto augment）、随机增广（rand augment）等[76]。

③图像裁剪：对转置后的图像进行一些操作，如直接裁

剪、随机擦除、网格掩盖等[77]。

④图像混叠：对批处理后的图像进行混合，如混合增强、剪切混合等[78]。

（2）图像二值化

图像二值化是指将图像上像素点的灰度值设置为0或255，使整个图像呈现明显的黑白效果。二值图像的每个像素只有两种取值：0或255，其中0表示黑色，255表示白色[79]。图像二值化能够降低噪声带来的干扰，同时消除背景干扰，从而凸显目标的轮廓。图像二值化方法一般包括全局阈值法与局部阈值法[80]，前者指对整幅图像的像素都使用相同的阈值做全局处理，后者指对不同区域的像素使用不同的阈值进行处理。在使用阈值进行二值化的过程中，其大致思路为：设置一个像素阈值T，若当前窗口的某个像素小于阈值T，则被赋值0，否则被赋值1。

这些预处理技术可以显著地提高OCR系统对复杂图像的处理能力，从而对各种不同光线、角度和场景下的体检报告中的图片实现更高的识别精度并提高系统的整体鲁棒性。

3.2.3 表格数据的OCR算法

本项目体检数据的OCR算法设计具体流程如下。

①表格区域检测算法设计。对输入的样例表格图片，使用基于表格框角点、水平线和垂直线的表格区域检测算法，根据数据集的数据特点调整相应参数，以确保能够准确地检测出表格所在的区域。该步骤的目的是在复杂背景中精准地定位表格，从而为后续的结构识别和内容识别提供可靠的输入数据。

②表格结构识别。在得到表格区域检测结果后，识别表格的布局结构、层次结构等，将表格视觉信息转换为可重建表格的结构描述信息，生成与其对应的Excel表格结构，使表格的逻辑层次和数据关系能够被精确地重建和描述。

③表格内容识别算法设计。根据已经识别出的表格结构，对其每个单元格进行内容识别，其内容可能为文字、数字或标点符号。采用OCR技术逐个对单元格进行识别，将识别得到的结果填入对应Excel表格。

3.2.3.1 表格区域检测算法

表格区域检测算法基于LCNet模型[81]或YOLO[82]系列的模型，通过训练一个端到端的表格识别表格框所在位置。

在YOLO中，将表格区域检测作为一个整体问题处理，将其转化为一个回归问题，直接通过图像像素进行边界框坐标和类别概率的预测。基于一个统一的神经网络模型，同时预测整个图像中的多个表格区域边界框和相应的类别概率。

在LCNet中，通过专门为英特尔中央处理器（central processing unit，CPU）优化和进行一系列的创新设计，在不显著增加推理时间的前提下，显著提高了LCNet模型的准确性。通过采用DepthSepConv模块，提高LCNet模型在CPU中的运行速度，同时将传统的ReLU激活函数替换为H-Swish激活函数；在网络的尾部增加挤压和激励（squeeze and excitation，SE）模块，大幅度增加了LCNet模型特征的权重，且避免了增加额外的推理时间。

数据输入前，会经过一个预处理的流程，以调整数据的尺寸和分布，使其相对统一。在表格区域检测算法中，算法的网络结构包括特征提取、候选区域生成、分类和边界框回归等模块。在数据输入后，先进入一个特征提取网络，其主要通过卷积层和池化层提取图像的高维特征。得到高维特征后，通过一个区域建议网络（region proposal network，RPN）得到一组候选区域，这些候选区域是可能包含表格的图像子区域。得到图像子区域后，先对该部分子区域进行分类，判断其是否包含表格，并进一步调整边界框精确定位表格位置。在得到精确位置后，通过非极大值抑制（non-maximum suppression，NMS）选择最佳的检测结果，输出表格的边界框坐标和置信度分数。

3.2.3.2　表格结构识别算法

使用表格结构识别算法的主要目的为识别并定位表格中各个单元格位置，在该流程中应用了双重坐标判定，即通过并行的两个模型，同时识别表格中的文本位置和实现表格结构预测，将两部分的坐标聚合，生成最终的单元格位置坐标。

其中文本检测算法使用了可微分的二值化（DB）模型[83]，该模型通过引入一个可微的二值化过程，将传统的二值化操作融入神经网络的训练过程，通过可微的二值化函数将边界的概率图转化为二值图，从而得到文本区域的边界。由文本所在区域可以计算单元格位置，从而得到单元格坐标位置。此外，为了更便于处理不同形态的单元格，DB模型中还使用了变形卷积技术，通过调整卷积核的形状来适应单元格的几何变化，从而提高算法对单元格的识别能力。

除了通过文本检测算法得到单元格位置外，表格结构识别算法还通过SLANet算法对表格的结构和单元格坐标进行预测。具体而言，SLANet的主干网络使用了适用于CPU端侧推理的LCNet高性能骨干网络。得到骨干网络提取的特征后，通过一个特征融合网络综合特征信息。在最后的输出头中，通过对单元格令牌（token）和坐标进行对齐，使单元格对应位置能够准确转换为坐标。

3.2.3.3 表格内容识别算法

表格内容识别的主要任务为从前述算法得到的表格区域中检测文字位置以及文字的内容，需要先进行文字检测。

其文字检测算法基于LCNet [81] 和单一的场景文本识别模型（scene text recognition with a single visual model，SVTR）网络 [84] 的融合，通过卷积和注意力机制的结合，使用单一的视觉模型代替了传统的视觉-序列混合模型架构。该算法的核心思想为将图像文本先分解成小的字符组件，随后利用这些组件在不同层次上进行组合，从而捕捉字符间的依赖关系和局部特征。SVTR算法框架如图3-1所示。

通过采用多粒度的字符组件感知方法，该表格内容识别算法能够有效地提取字符的笔画特征和字符间的长期依赖关系。此外，SVTR还具有一个逐步降低高度的三阶段网络结构，并在每个阶段之后进行合并操作，实现了计算成本的减少和层次化特征的表示。

检测到文字后，一般直接使用OCR模型进行字符识别，先对检测到的文本区域进行文本分割，将每个字符单独分割，一般是基于每个字符的水平和垂直投影实现对文本行和字符的分割。得到分割好的字符后，使用基于深度学习的字符识别模型对每个字符进行识别得到文本，并保存至对应的表格文件。

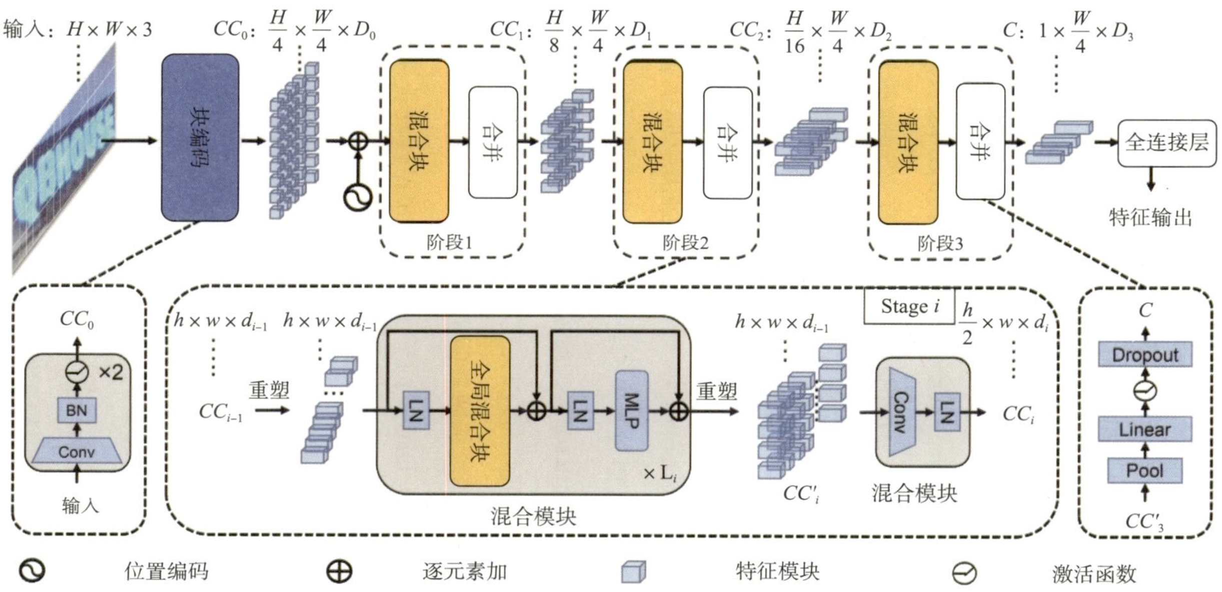

图3-1　SVTR算法框架[83]

注：BN为批归一化；Conv为卷积；LN为层归一化；MLP为多层感知机；Dropout为随机失活；linear为线性层；Pool为池化。

3.2.4 OCR效果与体检数据结构化

通过上述的OCR算法和表格识别方法，实现了对体检报告的OCR处理和表格数据的格式化。具体而言，就是将表格数据从光学图像转化为以表格形式存储的数据，在此简要展示其中的部分效果。

对于用手机拍摄的员工体检报告图片，预处理第一步即进行方向和尺寸调整。拍摄得到的图片方向和尺寸往往不一致，容易导致输入的不规则化，为了提高识别的准确率和稳定性，需要先将图片归一化，统一调整图片的尺寸大小和方向，使文字方向水平。此外，部分图片由于拍摄时光线不佳，图像中的文字往往不够清晰，导致其中部分甚至全部文字容易被OCR模型忽略，因此需对调整完方向、尺寸后的图片进行二值化处理，以将其中的文字和表格框部分突出显示，使OCR模型识别更加准确和稳定。

得到二值化图像后，进入表格识别的流程，先对图像进行版面分析，分别提取其中的文字、表格和图片版面。得到表格所在位置的版面后，基于深度学习的技术对表格所在的版面进行识别检测，得到表格框位置和表格框内各个单元格中的文字，将识别得到的信息输出至表格文件。以体检报告中的一页为例，其识别情况与数据结构化情况如图3-2所示。

小便常规12A+尿沉渣　　审核日期：2022年11月22日　　检验师：

检验项目	结果	标志	参考值	单位
尿葡萄糖	阴性（–）		阴性；–；Neg	mmo1/L
尿胆红素	阴性（–）		未见；阴性；–	μmol/L
尿隐血（BLD）	阴性（–）		阴性	
尿液颜色	淡黄色		黄色：浅黄；淡黄色；淡黄；浅黄色	
尿液亚硝酸盐	阴性（–）		阴性	
尿白细胞团	0.00		0–2.00	/μL
鳞状上皮细胞	0.00			/μL
酵母	0.00		0–1.0	/μLl
粘液丝	0.00		未见；	/μL
透明管型	0.00		0–2.0	/LP
尿维生素C	0.00			mol/L
未分类结晶	2.00		0–28.00	/μL
尿液浊度	清		清	
尿液白细胞	0.00		0–28.0	/μL
尿液红细胞	1.00		0.0–17.0	/μL
细菌	0.00		0–7.0	/μL
病理管型	0.00		0–1.0	/LPF
非鳞状上皮细胞	0.00		0–6.0	/μL
精子	0.00		0–6.0	/μL
尿比重	1.01		1.015–1.030	

图3–2　体检数据OCR效果

3.3 健康数据分析与风险预警

3.3.1 心电数据分析

3.3.1.1 心电数据预处理

利用健康小屋中的心电采集设备获取的原始信号中，混有基线漂移、肌电干扰、工频干扰等噪声，这些噪声会严重影响后续特征提取模块的效果，因此需要在预处理阶段对信号进行滤波。对于上述干扰，由于肌电干扰等的频率和有用脑电信号的频率存在混叠，因此常规的有限冲激响应（FIR）滤波器、无限冲激响应（IIR）滤波器不能达到很好的滤波效果。在本研究中，主要采用平稳小波变换同时处理基线漂移、肌电干扰、工频干扰。方法如下。

①对原始信号进行平稳小波变换，变换层数为5层，小波基选择“coif2”，得到细节系数矩阵***SWD***和近似系数矩阵***SWA***。

②对细节系数矩阵***SWD***的每一层进行阈值计算，方法如下：

$$Y=\begin{cases}\operatorname{sgn}(X)\sqrt{X^2-\dfrac{\gamma^2}{\alpha^{(|X|-\gamma)^2}}},|X|\geqslant\gamma\\ X,|X|<\gamma\end{cases}\tag{3-1}$$

式中：X为细节系数矩阵的元素；Y为X经处理后的结果；α为自由因子，取值为0.25；sgn(X)为符号函数，其定义为

$$\operatorname{sgn}(X)=\begin{cases}1,X>0\\0,X=0\\-1,X<0\end{cases}\tag{3-2}$$

其中γ为阈值，计算方式如下：

$$\gamma=\frac{\operatorname{median}(W_{ij})}{0.6745}\sqrt{2\lg N}/\lg(i+1)\tag{3-3}$$

式中：i为细节系数所在的行；median()是中值函数；W_{ij}是细节系数矩阵***SWD***第i行第j列的原始值；N为采样点数。

③经步骤②处理后，可得到处理后的细节系数矩阵***Y***，将其和近似系数矩阵***SWA***进行逆平稳小波变换，得到滤波后的心电信号。

3.3.1.2　心电分析算法

对信号去噪后，需要进行R点定位。算法流程图如图3-3所示。

①原始心电信号输入。原始信号为x（n），其中n为离散时间索引。

②带通滤波。使用带通滤波器［传递函数H（z）］，频率响应范围通常为5～15 Hz。滤波后信号为

$$y(n)=x(n)*h(n) \quad (3\text{-}4)$$

式中：$h(n)$ 是滤波器的脉冲响应；*表示卷积。

③微分。使用五点微分公式：

$$d(n)=\frac{1}{8T}\left[-y(n-2)-2y(n-1)+2y(n+1)+y(n+2)\right] \quad (3\text{-}5)$$

式中：T是采样周期。

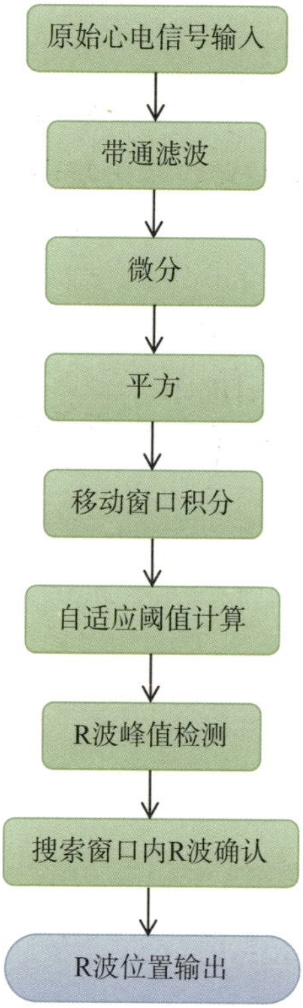

图3-3　R点定位流程

④平方。

$$s(n)=[d(n)]^2 \quad (3\text{-}6)$$

⑤移动窗口积分。设窗口宽度为W，表示有W个采样点。

$$w(n)=\frac{1}{W}\times\sum\left[s(n-W+1)+s(n-W+2)+\cdots+s(n)\right] \quad (3\text{-}7)$$

⑥自适应阈值计算。设SPKI为信号峰值，NPKI为噪声峰值，当检测到一个峰值时：如果是信号峰值，则SPKI＝0.125×峰值+0.875×SPKI；如果是噪声峰值，则NPKI＝0.125×峰值+0.875×NPKI。阈值1＝NPKI+0.25×（SPKI-NPKI）阈值2＝0.5×阈值1。

⑦R波峰值检测：如果 w（n）＞阈值1，则认为检测到一个可能的 R 波。

⑧搜索窗口内R波确认：在原始信号x（n）中，于检测点附近的搜索窗口［$n-\Delta$，$n+\Delta$］内寻找最大值。R波位置＝argmax（x（$n-\Delta$：$n+\Delta$））。

⑨R波位置输出：输出R波在时间序列中的位置n。

说明：自适应阈值计算中的系数（如0.125和0.875）可以根据具体应用进行调整；搜索窗口的大小Δ通常设置为预期RR间隔的一小部分，例如0.1×平均RR间隔；为了处理可能的漏检，通常还会设置一个搜索回溯机制：如果当前RR间隔超过预期的1.66倍，则在先前的信号段中使用较低的阈值2重新搜索；对于初始阶段的阈值设置，使用信号的前几秒数据进行学习：SPKI初始值＝max（前2 s的信号），NPKI初始值＝mean（前2 s的信号）。

完成R波提取之后，可以得到RR间期序列，基于此进行HRV分析：计算其时域参数、频域参数、非线性参数。在实际计算时，按照每个参数的公式定义直接计算。计算参数的流程如图3-4所示。

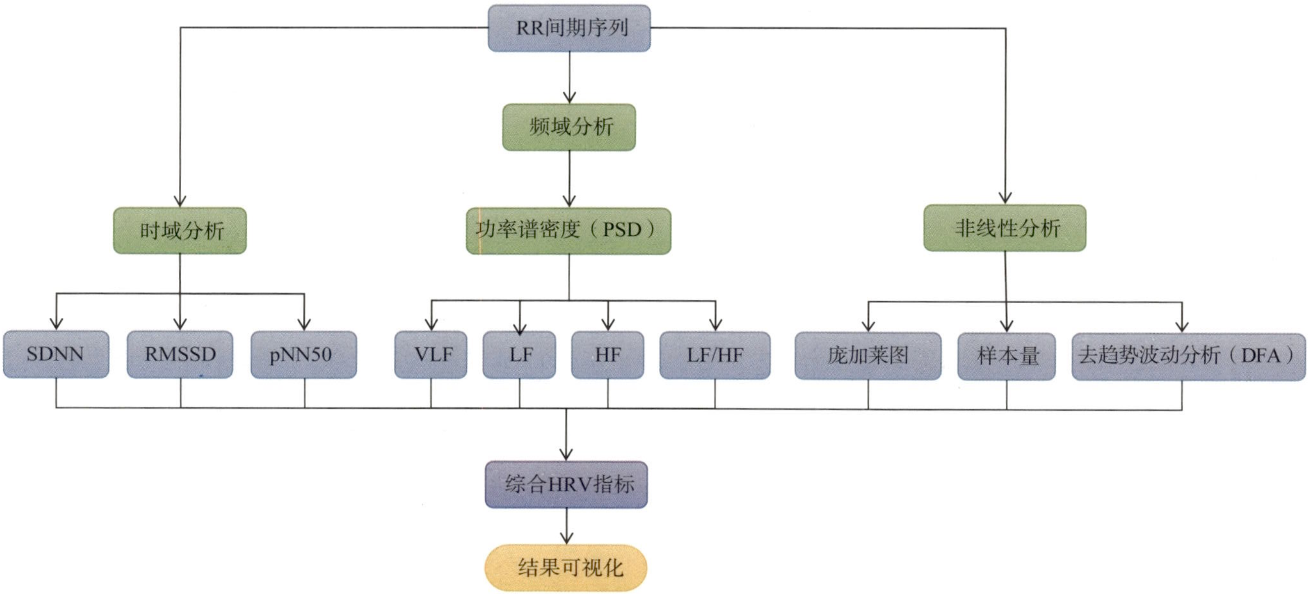

图3-4　HRV分析的参数计算流程

3.3.1.3　心电分析结果

图3-5、图3-6分别呈现了心率变异性时域参数、频域参数。其中时域参数用SDNN、RMSSD作示例，频域参数用RR间期的功率谱密度作为示例。

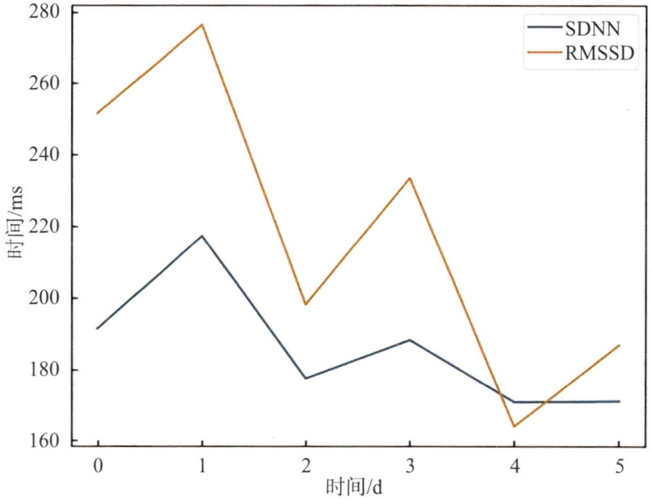

图3-5　心率变异性时域参数

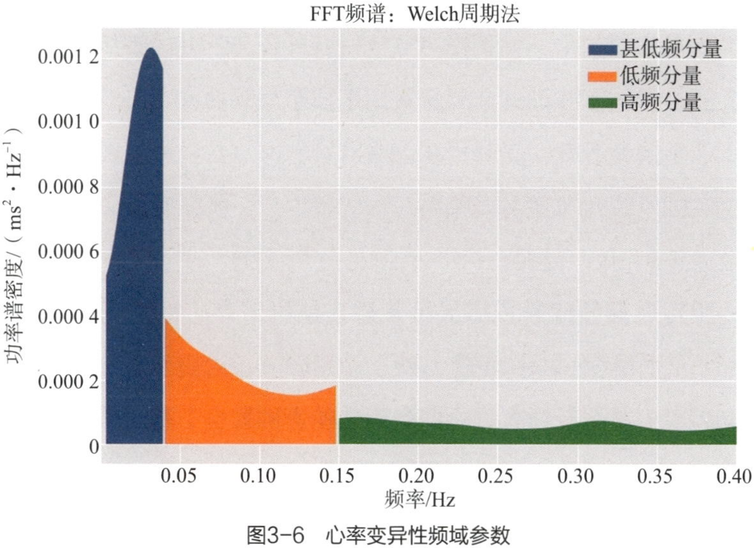

图3-6　心率变异性频域参数

○ 3.3.2 脑电数据分析

3.3.2.1 脑电预处理算法

我们使用的原始数据集的采集方法如下：要求受试者尽可能集中注意力，并立即对随机发生的车道偏离事件做出反应。在试验中分别记录车道偏离事件发生、反应发生、车道回归中心的时间，并与脑电数据时间线对齐。使用局部反应时间来评估疲劳水平，其定义为每个车道偏离事件的事件开始和反应开始之间的时间间隔。

试验中，我们首先使用了前额区域的脑电数据，包括Fp1、Fp2、Fz三个通道，将脑电信号降采样到128 Hz，并在每个车道偏离事件前提取一个3 s长的样本，形成一个3 × 384的矩阵。随后利用生理学知识以及已有的关于疲劳识别的结论对提取的数据进行预处理，包括带通滤波、独立分量分析（independent component analysis，ICA）去除伪影，以及基线校正。带通滤波用于去除高频噪声和低频漂移。最后将处理后的数据集切割为训练集和测试集以及验证集，其中训练集用于卷积神经网络的训练，测试集用于模型效果的评估，验证集用于调整模型参数，提高泛化能力。

3.3.2.2 疲劳预测算法结构

（1）核心思想

脑电信号代表了由大脑不同皮层区域产生的电活动。然而，记录的数据不可避免地会受到诸如心脏信号、眼球运动、肌肉紧张及设备产生的噪声和伪影的影响，而直接从有噪声和冗余的脑电图数据中学习往往会降低识别性能。为了解决这一问题，相关研究人员提出了空间滤波技术[85]，通过从原始的多通道脑电图记录中提取更清晰的信号来提高数据质量。在本节中，首先讨论空间滤波技术，然后介绍算法结构设计。该算法结构设计受空间滤波技术的启发，可增强脑电图数据处理能力。

假设从m个电极记录的脑电信号为$\{x_i\}_{i=1,2,\cdots,m}$，N_1个新信号$\{s_j\}_{j=1,2,\cdots,N_1}$可以通过原始的$m$个信号线性组合得到，即$s_j=\sum_{i=1}^{m}w_{i,j}x_i+b_j$。其中$w_{i,j}$为权重，表示一组空间滤波器可以使用各种独立的评估标准进行计算，包括距离度量、信息度量、依赖度量和一致性度量[85]。例如，独立分量分析（ICA）[86]通过求解一个基于源信号的具有统计独立性的方程来寻找权重。其他方法包括公共空间模式（common spatial patterns，CSP）[87]、最小能量组合（minimum energy combination，MEC）、最大对比度组合（maximum contrast combination，MCC）[88]和正则相关分析（canonical correlation analysis，CCA）[89]。我们期望新的信号集S_j包含最小的噪声和冗余度，进而能够从每个信号s_j中提取特征进行分类，即$\left[\text{feature}_{j,1},\text{feature}_{j,2},\cdots,\text{feature}_{j,k}\right]=f_j\left(s_j\right)$。

对于驾驶员疲劳识别，Lin等[90]提出使用特征提取主干，将原始脑电图数据用ICA方法进行分离，并从每个分离信号中获得波段功率特征。我们在设计的模型中加入了类似的结构，分别从空间和时间上提取特征，并对特征进行标定和筛选，使得参数被优化到更高的识别精度。

（2）可分离卷积的背景

脑电信号特征提取类似于深度可分离卷积的概念，该操作早在2014年[91]就被提出，并应用于许多网络结构，如MobileNets[92-93]，目的是减少参数和有利于网络的收敛。

深度可分离卷积，或称“可分离卷积”，由一个在每个通道上独立执行的深度卷积和一个逐点卷积（或称“1×1卷积”）组成，它将通道投射到一个新的空间上。在图像分类的相关任务中，深度可分离卷积独立学习空间相关性（包括图像的宽度和高度）和跨通道相关性的特征，而不是像标准的二维卷积一样在三维空间中提取特征。

在我们的算法中深度卷积层和逐点卷积层的堆叠顺序不同于典型的深度可分离卷积[92-93]，而是与Chollet[94]提出的名为Xception的深度学习模型中使用的初始模块的“极端”版本类似。

（3）SE算法

我们学习了Hu等[95]在2017年提出的压缩和激励的思想并以SE算法的形式将其迁移到脑电疲劳监测领域。该算法旨在通过自适应重新标定输入特征图的通道权重，使所设计的模型更关注对任务有用的特征，提高整体的表达能力和分类性能。

SE算法主要分为三个步骤。

①Squeeze（压缩）：通过全局平均池化操作，将输入特征图的每个通道压缩成一个标量。这一步骤捕捉了全局的空间信息并将其凝聚为通道级别的描述。具体而言，给定输入特征图 $\boldsymbol{X} \in \mathbb{R}^{H \times W \times C}$，通过全局平均池化得到的向量 $\boldsymbol{z} \in \mathbb{R}^{C}$ 可以表

示为

$$z_c = \frac{1}{H \times W}\sum_{i=1}^{H}\sum_{j=1}^{W} X_{i,j,c} \qquad (3\text{-}8)$$

②Excitation（激励）：通过一个全连接的两层神经网络重新计算每个通道的权重。这部分网络首先将特征维度减少，然后恢复到原来的维度，通过这种“瓶颈”设计捕获非线性通道的依赖关系。具体公式为

$$s = \sigma\left(W_2 \cdot \text{ReLU}\left(W_1 \cdot z\right)\right) \qquad (3\text{-}9)$$

式中：σ是sigmoid激活函数；$W_1 \in \mathbb{R}^{\frac{C}{r}\times C}$和$W_2 \in \mathbb{R}^{C\times\frac{C}{r}}$是两个全连接层的权重，$r$是调整维度的缩放因子。

③Scale（缩放）：将激励生成的通道权重s应用于原始特征图的每个通道，通过逐元素相乘的方式调整特征图的通道响应。具体操作为

$$\hat{X}_{i,j,c} = X_{i,j,c} \cdot s_c \qquad (3\text{-}10)$$

由于脑电信号实际上是一个灰度图，所以我们的算法只需要关注不同通道（电极）的特征并对其进行重新标定。

（4）模型结构

脑电分类算法框架如图3-7所示，首先预处理后的脑电数据经过逐点卷积层在空间尺度上进行卷积，提取空间特征，以学习不同通道之间的相关性。具体而言，使用N_1个卷积节点来生成N_1个相同长度的新信号通道，对于一个给定的输入样本$X_{(m,n)}$，其中包含m个通道长度为n的一维信号。第i个$\left(1 \leqslant i \leqslant N_1\right)$节点有$m$个权重$\{w_{i,p}^{(1)}\}_{p=1,2,\cdots,m}$和1个偏置参数$b_i^{(1)}$，

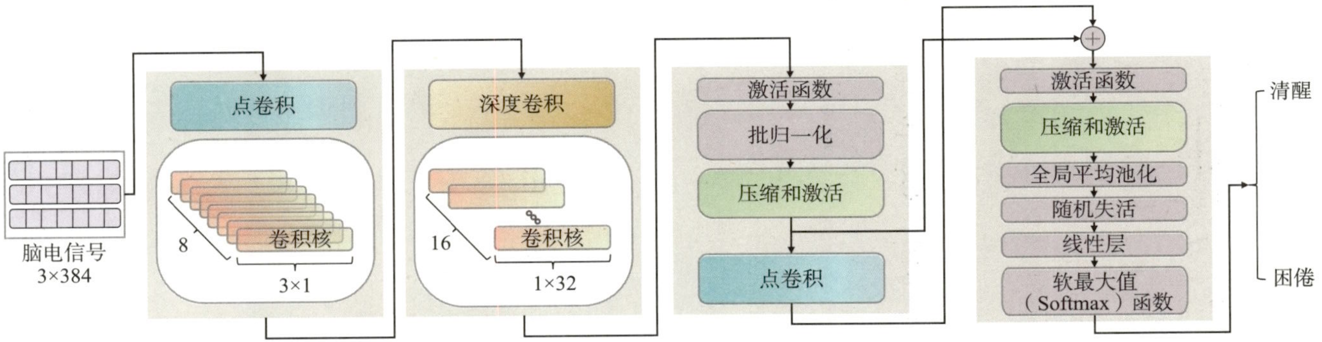

图3-7　脑电分类算法框架

最终提取的空间域特征输出为

$$h_{i,j}^{(1)}=\sum_{p=1}^{m}w_{i,p}^{(1)}x_{p,j}+b_i^{(1)} \tag{3-11}$$

式中：$i=1,2,3,\cdots,N_1$；$x_{p,j}$ 为输入脑电样本的第p个通道的第j个采样点。其中N_1设置为8，大约为输入通道数的2倍，以提高特征的丰富性和促进模型收敛。

随后，深度卷积层在时间尺度上进行卷积，提取时间特征，同时进一步拓展通道数（电极），以便后续的重新标定。具体而言，每个新信号 $h_i^{(1)}$ 与第二层的两个节点进行卷积，由于第一层有N_1个通道的新信号输出，所以总共有$2N_1$个深度卷积节点。假设卷积核的长度为l，那么第i个$\left(1\leqslant i\leqslant 2N_1\right)$节点有$l$个权重 $\{w_{i,r}^{(2)}\}_{1\leqslant r\leqslant l}$ 和1个偏置参数 $b_i^{(2)}$，最终提取的时间域特征输出为

$$h_{i,j}^{(2)}=\begin{cases}\sum_{r=1}^{l}h_{\frac{i+1}{2},j+r-1}^{(1)}w_{i,r}^{(2)}+b_i^{(2)},i\text{为奇数}\\ \sum_{r=1}^{l}h_{\frac{i}{2},j+r-1}^{(1)}w_{i,r}^{(2)}+b_i^{(2)},i\text{为偶数}\end{cases} \tag{3-12}$$

其中卷积核的长度设置为采样频率（128 Hz）的四分之一，即32，最终输出的特征大小为（$2N_1$，$n-l+1$），即（16，353）。

紧接着将提取后的特征经过激活层和批归一化层后输入SE层，其目的是在不显著增加参数量的情况下对特征进行重新标定，降低特征的冗余度，使网络关注更重要的特征，同时抑制不重要的特征，提升模型性能。具体而言，对于深度卷积层的输出 $H\in\mathbb{R}^{C\times N\times T}$，其中$C$=1为三原色（RGB）通道数，

N=16为经过拓展后的通道数（电极），T=353为时间序列长度，其通过全局平均池化压缩后的向量$\boldsymbol{z} \in \mathbb{R}^N$可以表示为

$$z_N = \frac{1}{C \times T} \sum_{i=1}^{C} \sum_{j=1}^{T} H_{i,j,n} \tag{3-13}$$

随后通过全连接和激活层捕获不同脑电通道之间的依赖关系，重新计算每个通道的权重，具体公式为

$$s_N = \sigma\left(W_2 \cdot \mathrm{ReLU}\left(W_1 \cdot z_N\right)\right) \tag{3-14}$$

式中：$W_1 \in \mathbb{R}^{\frac{N}{r} \times N}$和$W_2 \in \mathbb{R}^{N \times \frac{N}{r}}$是两个全连接层的权重，$r$是调整维度的缩放因子；$\sigma$是sigmoid激活函数。

最后，将激励生成的通道权重s应用于原始特征图的每个通道，通过逐元素相乘的方式调整特征图的通道响应。具体操作为

$$\hat{H}_{i,j,N} = X_{i,j,N} \cdot s_N \tag{3-15}$$

标定后的特征再经过点卷积层进一步细化不同通道之间的相关性，随后SE层和点卷积层的输出以残差连接的形式输入激活层，通过线性组合不同通道的信息，提高特征表示能力；激活后的特征再一次经过SE层的处理以剔除冗余的信息；最后经过池化、dropout、全连接、softmax等操作输出疲劳监测的结果。

3.3.2.3 疲劳预测结果及分析

脑电信号采用了公开的脑电疲劳数据集[96]。该数据集使用基于改进的国际10–20系统的32个Ag/AgCl电极（30个EEG电极和2个参考电极）的有线脑电帽进行数据采集。其中以

500 Hz数字化的EEG数据经过了1 Hz高通滤波和50 Hz低通滤波，并进行了伪影去除。试验中，我们使用了前额区域的脑电数据，包括Fp1、Fp2、Fz三个通道，将脑电信号降采样到128 Hz，并在每个车道偏离事件前提取一个3 s长的样本，形成一个3 × 384的矩阵。我们进一步通过以下步骤对每个类别和每个受试者的数据进行平衡：①丢弃类别样本少于50个的会话；②如果同一受试者有多个会话，选择类别分布最平衡的会话；③通过选择最具代表性的样本，即来自多数类的最短（清醒类）或最长（疲劳类）局部反应时间的样本，进一步平衡每个会话的样本。步骤①和步骤③确保分类器在平衡类别的样本上进行训练，步骤②则平衡了不同受试者的数据，以避免分类器偏向预测特定受试者。

所设计算法的疲劳预测结果（前额三通道）以及几个最先进的疲劳监测模型的疲劳预测结果（30通道）见表3-1。提出的模型取得的平均准确率为80.68%，优于EEGNet-4,2（68.66%）、Conv-ShallowNet（76.54%）和ICNN（78.03%）。说明模型从脑电数据中有效地提取了特征并按照重要性对特征进行了筛选。从表中可以看出，提出的模型在某些受试者身上的预测结果较好，如受试者1（准确率86.70%）和受试者5（准确率91.96%）。

表3-1　所设计算法的疲劳预测结果以及基线方法的疲劳预测结果的准确率　%

受试者编号	EEGNet-4,2	Conv-ShallowNet	ICNN	本研究设计算法
1	85.43	82.54	85.64	86.70
2	21.34	80.73	69.70	84.85
3	58.19	65.77	78.67	85.33

（续表）

受试者编号	EEGNet-4,2	Conv-ShallowNet	ICNN	本研究设计算法
4	89.74	70.64	78.38	79.73
5	44.24	82.97	87.95	91.96
6	48.76	78.64	84.34	78.31
7	88.85	72.53	66.67	64.71
8	76.43	70.06	78.79	76.14
9	71.94	90.24	89.18	88.22
10	90.21	82.78	73.15	85.19
11	80.17	65.10	65.93	66.37
平均值	68.66	76.54	78.03	80.68

○ 3.3.3 禁忌作业预警算法研究

基于员工健康画像的禁忌作业预警算法是用来判别员工的身体健康状况能否适应相关岗位的算法，整体算法流程如图3-8所示。

具体的判别过程分为决策树构建和岗位分配建议两个步骤。

3.3.3.1 决策树构建

在构建每个岗位的决策树时，为了确保决策树的准确性和算法的效率，我们将采用以下规范和策略。

（1）建立职业禁忌疾病知识库

从“健康状况及职业禁忌”数据中，为每个岗位提取禁止从事该岗位的疾病列表，要确保数据的准确性和完整性，并去除异常值和冗余信息。

（2）构建决策树

首先选择“是否患有发病率最高的那个疾病”作为决策树

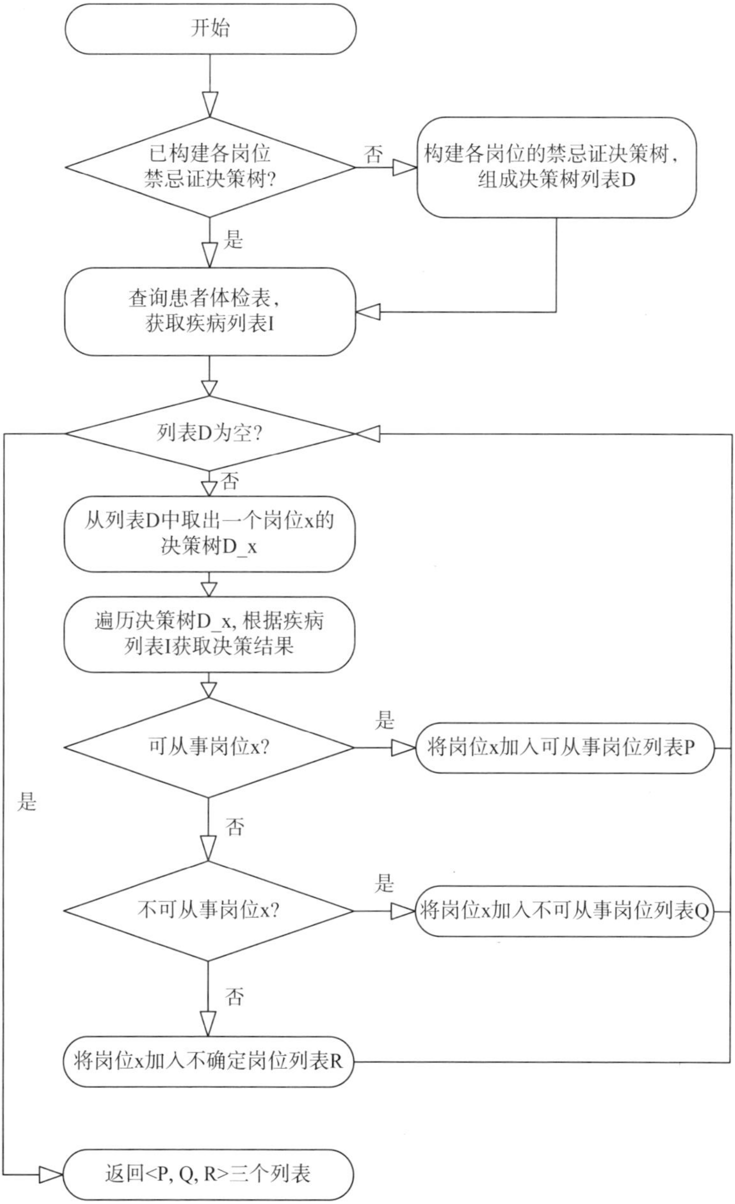

图3-8　禁忌作业预警算法整体流程

的根节点，然后根据医学统计知识，按照疾病发病率从高到低的顺序，从上至下构建决策树的中间节点和叶子节点。

（3）节点判断逻辑

对于根节点和每个中间节点，判断是否患有相应的疾病。如果患有该疾病，则导向不能从事该岗位的叶子节点。如果没有患病或因数据不明确而不确定是否患病，则继续判断下一个中间节点。

（4）处理不确定性

由于可能存在因数据不明确而无法确定是否患病的情况，在决策树末尾增加一个额外的中间节点来处理这种不确定性。如果不存在数据不明确的情况，则导向可以从事该岗位的叶子节点。否则，导向不确定是否可以从事该岗位的叶子节点。

（5）优化与合并

由于某些疾病可能是多个岗位的禁忌，我们可以合并这些岗位的决策树的一部分叶子节点。具体来说，当遍历某个岗位的决策树并判断患有某种职业禁忌疾病时，如果该疾病也是其他岗位的禁忌，那么我们可以同时得出不能从事这些岗位的结论，从而避免重复遍历。

（6）最终输出

对于每个岗位，我们可以得到一个对应的决策树，用于快速判断个体是否适合从事该岗位。通过优化和合并，可以提高搜索速度并减少不必要的遍历。

图3-9是根据职业禁忌疾病知识库构建的综合服务中心行车班小型机动车驾驶员岗位决策树。

图3-9　综合服务中心行车班小型机动车驾驶员岗位决策树

3.3.3.2 岗位分配建议

在构建岗位决策树之后，可以利用它来实现电网工人的岗位分配建议。以下是具体步骤。

（1）遍历岗位决策树

根据电网工人的体检表，从根节点开始，结合医学知识，根据其是否患有相应的职业禁忌疾病来判断其是否可以从事该岗位，并向下遍历。当遇到叶子节点时，根据叶子节点的信息将该岗位分配到相应的列表（如：可以从事的岗位列表、不能从事的岗位列表、不确定是否可以从事的岗位列表），然后继续遍历其他岗位决策树。

（2）输出岗位列表

记录下所有能够从事的岗位，标记那些由于患有职业禁忌疾病而不能从事的岗位。对于因为体检表中数据不明确而不能判断是否患有职业禁忌疾病从而无法判断是否可以从事的岗位，可以标记为“不确定是否可以从事的岗位”。

（3）提供反馈

将结果列表提供给管理人员，帮助他们决策电网工人的岗位分配。对于不确定是否可以从事的岗位，可以建议电网工人进一步咨询医生或进行详细检查。

○ 3.3.4 作业风险综合预警

在现代工业环境中，员工的健康状态和作业安全是至关重要的。本研究旨在通过整合多源生理信号数据、环境信息，并结合提示词工程技术，开发一个高效、准确的作业风险综合预警模型。风险评估流程如图3-10所示。

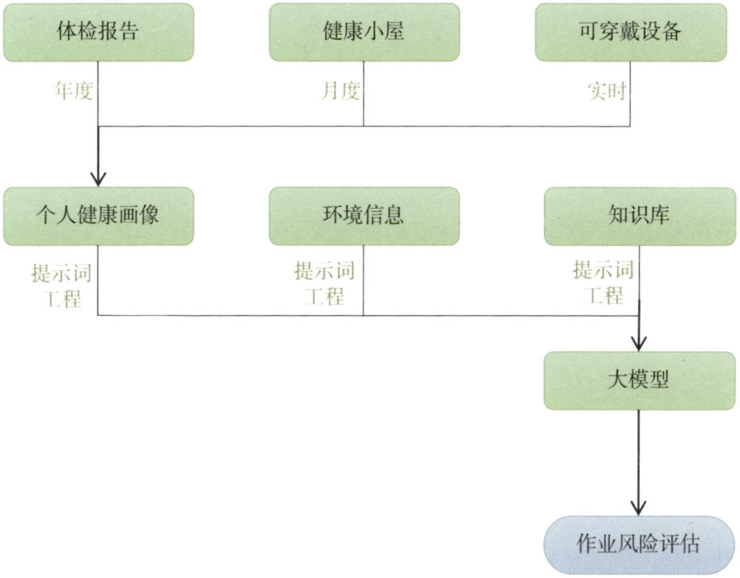

图3-10　风险评估流程

3.3.4.1　个人健康画像、环境信息及知识库

个人健康画像有三个信息来源：体检报告、健康小屋、可穿戴设备。

（1）体检报告

工人进行体检的频次是一年一次。由于体检报告准确性最高，其中的数据可以作为基线健康状态的参考。研究显示，年度体检数据可以预测工伤风险，例如，BMI（身体质量指数）>30的员工工伤风险增加68%[97]。体检报告包含下述内容。

①基本信息：包括年龄、性别、体重、身高等，这些数据对于评估员工的健康风险至关重要。

②生命体征：如血压、心率、呼吸频率等，可用来评估员工的即时健康状况。

③血液检查：全血细胞计数、血糖水平、胆固醇水平、肝功能和肾功能指标等，可以揭示员工是否患有慢性疾病或代谢异常。

④尿液分析：可以用来检测员工是否有肾脏疾病和某些代谢障碍。

⑤影像检查结果：如胸透、心电图等，可以用来评估员工的心肺功能和其他内脏器官的状况。

⑥专项检查：根据员工的工作环境和职业风险可能进行的特定检查，如听力测试、肺功能测试等。

⑦医生的综合评估：包括对员工已有健康问题的评估和对其未来健康风险的预测。

（2）健康小屋

工人进入健康小屋检查的频次是一月一次。健康小屋的检测数据提供了工人每月健康状况的快照。在健康小屋中，可以获得工人当时的心血管功能状态、身心疲劳程度、身体成分、反应能力等数据，用于评估员工的短时状态。相关研究表明，在高强度工作环境中工作的人员，如空中交通管制员，其SDNN和RMSSD显著降低，而LF/HF的值升高。SDNN降低可能表示压力增加或疲劳加重；LF/HF的值升高可能表示交感神经活动增强，警惕性提高；此外，SampEn降低可能表示自主神经调节能力下降。因此进行HRV分析时，通常提取如下指标：时域指标，包含SDNN，RMSSD，pNN50；频域指标，包含LF，HF，LF/HF；非线性指标，包含SD1，SD2，SampEn。

（3）可穿戴设备

可穿戴设备即工人在作业过程中佩戴的安全帽，其中已嵌入脑电测试模块，可以实时监测工人的疲劳状况。研究表明，在长时间驾驶任务中，θ波段能量与β波段能量的比值显著增加，这与疲劳程度呈正相关[98]。在脑电信号分析时，通常提取如下信息：分析α、β、θ、δ波段能量比例变化；计算相对功率谱（RPθ、RPα、RPβ）；分析事件相关电位（event-related potentials，ERP）。

（4）环境信息

研究表明，工作环境温度每升高1 ℃，工伤风险增加1.5%。例如：WBGT（湿球黑球温度）>28 ℃可能增加热应激风险；噪声>85 dB（A）可能影响通信和听力；照度<200 lx可能增加操作误差风险。因此提取如下环境信息：温度指标，即热应激指数（heat stress index，HSI）；噪声指标，即等效连续声级（Leq）；光照指标，即照度（lx）；有害气体指标，即有害气体浓度（如CO、H_2S等气体）；浮尘指标，即可吸入颗粒物浓度。

（5）知识库

在本方案中，知识库用于存储每次作业安排的详细信息，比如作业时长、作业类型等。

完成上述各部分的信息提取后，用自然语言的形式对各个参数进行描述。

3.3.4.2 预警模型

（1）提示词工程策略

①将复杂的风险评估任务分解为多个子任务[98]，具体

如下。

a. 分析HRV数据，评估员工当前状态。

b. 结合年度体检数据，评估员工长期健康风险。

c. 解释EEG数据，判断员工疲劳程度。

d. 评估作业计划潜在风险。

e. 分析环境数据，识别危险因素。

f. 综合以上因素，给出风险等级和建议。

②系统指令：为模型设定专家角色，提高输出的专业性。指令语句的示例如下。

你是一位经验丰富的职业安全专家和人体工程学专家。请根据以下数据分析员工的工作风险：［数据］。

③思维链（chain of thought，CoT）：引导模型逐步推理，提高分析的逻辑性。思维链的示例如下。

让我们一步步分析这位员工的情况。

a. 查看HRV数据，特别注意SDNN和LF/HF的值。

b. 对比他的年度体检数据，关注有无显著变化。

c. 分析EEG数据，评估当前的疲劳状态。

d. 考虑当前的作业任务，识别潜在的危险点。

e. 结合环境数据，判断是否存在额外风险因素。

……基于以上分析，我们可以得出以下结论和建议：［描述］。

④数据融合提示：指导模型如何整合多源数据。示例如下。

请综合分析以下数据源，给出一个综合的风险评估：

a. HRV数据：［数据］。

b. 年度体检结果：［数据］。

c. EEG分析：［数据］。

d. 作业计划：［描述］。

e. 环境监测数据：［数据］。

在分析时，请特别注意数据间的相互关系和潜在的协同效应。

⑤情境化提示：提供具体的工作场景，提高模型输出的相关性。

场景：一名45岁的男性员工正在进行高空电力维修工作。天气炎热（35 ℃），持续工作3 h。请基于以下数据评估他的工作风险：［数据］。

（2）模型训练与优化

使用真实案例数据进行微调，采用Qwen-14B作为基础模型，使用少样本学习（few-shot learning）适应作业评估场景，建立反馈循环，根据实际预警效果调整模型提示词。

（3）风险预警机制

设计多级风险预警体系，比如分为高、中、低三级风险。当系统监测到风险时，实时风险评分和预警信息会被推送至用户和管理平台，原则上需提供可解释的风险因素分析和建议，以帮助员工或管理人员做出决策。

（4）评估结果例子

低风险：建议正常工作，定期休息。

中风险：建议增加休息频率，加强监督。

高风险：建议立即停止工作，进行健康检查。

3.4 云计算技术

3.4.1 私有云服务器

随着信息技术的快速发展，企业对数据处理和存储的需求不断增加。云计算作为一种创新的计算模式，为企业提供了灵活且可扩展的资源利用方式。在众多云服务模型中，私有云服务器凭借其独特的优势，成为许多企业的首选解决方案。

公有云服务器由第三方提供商管理，多个客户共享资源池。尽管公有云成本较低，但客户对其安全性和隐私性可能存在顾虑。混合云则结合了私有云和公有云的优势，允许企业在两者之间迁移工作负载，从而实现成本效益与灵活性的平衡。私有云服务器是一种专为单一组织或企业设计的云计算环境，具备高度的定制性、安全性和可控性。私有云服务器在物理和虚拟层面上都专属于企业，确保了数据的隐私性和安全性。同时，它还具备云计算的弹性和按需服务的特点，使得企业能够根据实际需求快速调整资源配置。由于员工的健康数据对隐私性和安全性的要求比较高，故基于私有云的存储和计算是一种较好的实施路径。

私有云服务器的核心概念是构建一个高度定制、安全并且由单一组织控制的云环境，其基于虚拟化技术，实现高效的资源管理，并保证系统的安全性，具体内容如下。

（1）虚拟化技术

虚拟化技术是指利用虚拟化软件，将物理计算机硬件进行虚拟化整合后，将虚拟硬件资源以完整的可动态分配调整的方式提供给用户[99]。虚拟化技术是私有云服务器的基石，它允许多个虚拟机在同一物理硬件上同时运行，从而提高资源的利用率和灵活性。通过虚拟化技术，物理硬件将以集群形式在底层工作，中层由虚拟化软件进行资源的动态调配和管理，上层则直接提供给用户用于配置特定的环境，承载相应的网络服务。该技术特性使企业能够快速部署新服务，实现资源的动态分配和负载均衡。从虚拟化技术的发展历程来看，虚拟化技术的存在和发展始终以充分挖掘硬件利用价值、提升资源综合利用率、提升应用可靠性为核心目标[100]。

（2）资源管理

私有云中的资源管理是确保云环境高效运行的关键。在私有云环境中，资源管理确保了计算、存储和网络资源能够以最优的方式被分配和使用。有效的资源管理不仅可以提高资源的利用率，还有助于降低运营成本，并确保服务的连续性和良好的性能。计算资源管理涉及虚拟机的部署、监控和调度。通过自动化工具，如VMware，管理员可以根据工作负载的需求，动态地调整虚拟机的数量和大小[101]。存储资源管理关注数据的存储、备份和恢复。私有云通常使用存储区域网络（storage area network，SAN）或网络附加存储（network attached storage，NAS）解决方案，结合自动化分层技术，以优化存储性能和降低成本。网络资源管理确保了云环境中的数据传输是安全和高效的。通过软件定义网络技术[102]，网络流量可以根据应用需求进行智能路由和负载均衡。自动化工具和云编排服务[103]可以自动进行资源的配置、部署和扩展。这些工具可以减少人为错误，加快服务交付速度，并提高资源管理的一致性和可重复性。

（3）安全性

私有云服务器在数据保护和合规性方面具有明显优势。由于所有资源均在组织的控制之下，企业能够实施更为严格的安全措施，包括数据加密、访问控制和网络安全策略[104]等。通过这些措施，企业可以确保数据在存储和传输过程中的安全，防止未经授权的访问和潜在的安全威胁。

○ 3.4.2 流式计算

流式计算，也称实时计算，是指对连续生成的数据流进行即时处理的计算模式[105]。流式计算可以实时监控物联网（IoT）设备的状态，实时分析员工的健康数据，实现实时健康监测。

流式计算具有以下特点。

①实时性。实时性是流式计算的核心特点，它允许系统对数据流进行即时处理。这种能力对于需要快速响应的应用程序至关重要。

②连续性。流式计算处理的数据是连续不断的，与传统的批量处理形成鲜明对比。这种连续性意味着系统必须能够持续不断地接收和处理数据流。

③可扩展性。可扩展性确保了流式计算系统能够根据数据流的规模动态调整资源，以适应不断变化的数据处理需求。

流式计算涉及以下几项关键技术[106]。

（1）消息队列

消息队列是流式计算中的基础组件，用于缓冲和传输数据流。它们能够解耦数据生产者和消费者，提高系统的可靠性和扩展性。如Apache Kafka就是一个流行的开源消息队列系统，它以高吞吐量、低延迟和高容错性而闻名。

（2）流处理框架

流处理框架提供了一套工具和应用程序接口（API），用于构建和运行流处理应用程序。Apache Flink、Apache Storm和Apache Samza等框架都支持对流数据的实时处理，这些框架通常具备容错机制和状态管理，可确保数据处理的一致性和准确性。

（3）窗口函数

窗口函数是流式计算中的一个关键概念，它允许对数据流中的特定数据段（窗口）进行聚合操作。这些操作可以是计算移动平均值、总和或其他统计分析。窗口函数使流数据处理更加灵活和强大。

4

实践应用与案例研究

4.1 系统设计与开发

4.1.1 系统方案概述

由于员工疲劳作业、精神状态不佳、患有基础疾病等因素极易增加作业风险，引发伤亡事故，我们有必要对员工的身体状态指标进行实时监测，并采用智能化分析手段得出针对性的分析结果和处理方案，及时进行干预。因此，采用数字化、智能化技术对作业人员的身体和精神状态进行多维监测，对作业风险进行预警和管控十分必要且意义重大。

身体指标的动态采集有实时性、准确性要求，我们设计了一套自动化数据采集及智能分析系统。系统由数据平台基础模块及物联网（IoT）模块构成（图4-1）。数据平台基础模块负责基本的人员、设备信息管理，算法部署及数据分析，预警监控，数据统计及可视化等，具体可划分为算法平台、数据服务、业务平台及数据库部分。物联网（IoT）模块负责数据的采集及传输，其中包含与设备交互的MQTT服务、IoT服务等。

IoT服务：负责管理设备，与设备建立连接，支持设备的

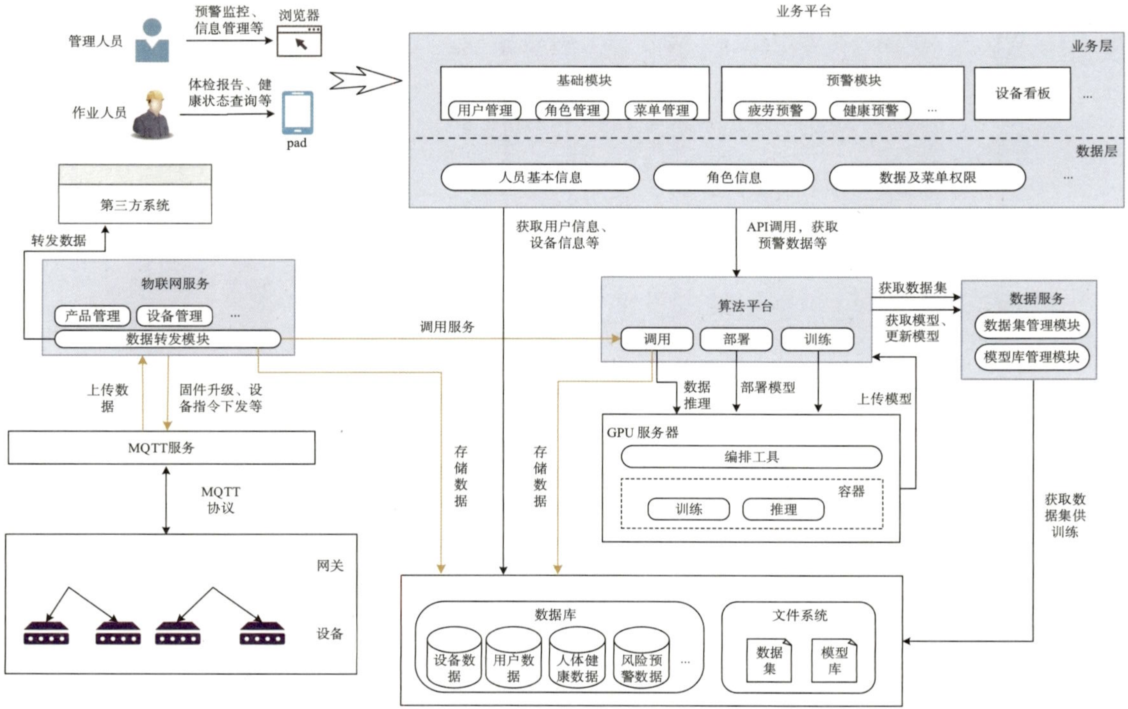

图4-1　身体指标采集分析系统整体架构

数据上传，向设备下发命令等操作。IoT服务收到上传数据以后，可以触发预先配置的规则，调用算法平台或第三方系统。IoT服务还会将设备上传数据存储到数据库。

算法平台：包含调用、部署、训练三大组件，支持向图形处理单元（GPU）服务器下发训练任务，向GPU服务器部署模型，并提供应用程序接口供IoT服务等访问算法模型。

数据服务：负责数据集管理，为算法平台提供训练数据。

业务平台：由各个业务模块构成，如基础模块、设备看板、预警模块等。用户可通过浏览器、平板、大屏幕等获得业务平台提供的服务。

4.1.2 数据平台基础模块

数据平台基础模块主要包含算法平台、数据服务、业务平台以及数据库。

（1）算法平台

算法平台由训练组件、部署组件、调用组件构成（图4-2），主要负责下发训练任务、模型部署、为业务平台等模块提供数据查询接口。

算法平台与GPU服务器交互，GPU服务器中有若干容器，如训练容器、推理容器等，在其上通过容器编排工具进行调度管理。算法平台中的调用组件为业务平台等其他模块提供数据存取、健康分析数据查询等功能；部署组件提供模型部署功能；训练组件则可向GPU服务器下发训练任务，将模型及数据集等算法相关数据保存在文件系统中，将其他健康数据、基本信息数据等存储在关系数据库中。

部署模块在服务器端的算法模型仓库主要包括体检报告识别算法、身体成分水平评估模型、心血管健康评估模型、注意力评估模型、反应能力评估模型、身体健康综合评估模型、精神状态综合评估模型、人员作业风险预警算法、职业禁忌证算法等。

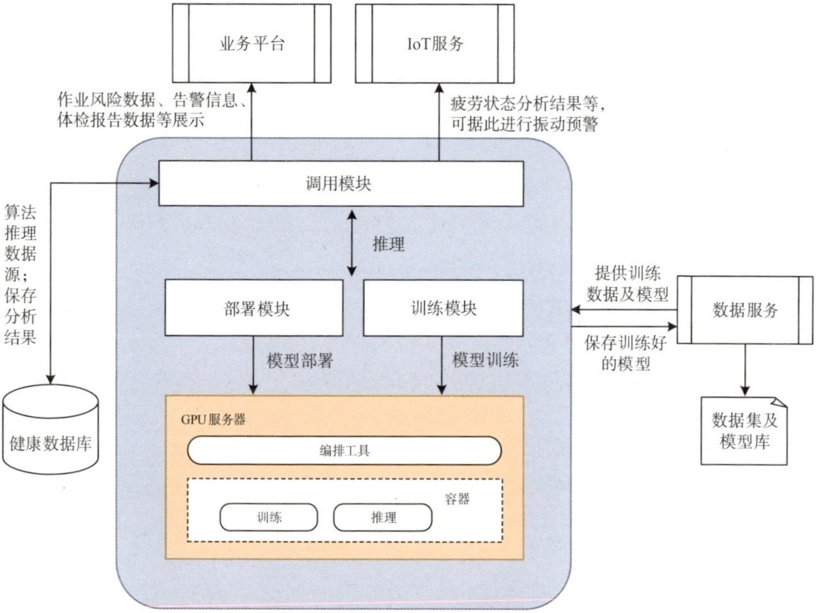

图4-2　算法平台内部模块

训练模块提供模型训练功能，数据集由数据服务提供，训练出的模型可由部署模块进行部署，以供算法分析。

调用模块主要负责对外提供接口调用，如业务平台获取作业风险数据、体检报告数据、告警信息等进行展示及告警，IoT服务获取疲劳状态实时分析结果等对作业人员进行提醒、设备振动告警等。

数据采集、处理、算法分析、应用展示等完整流程如图4-3所示。

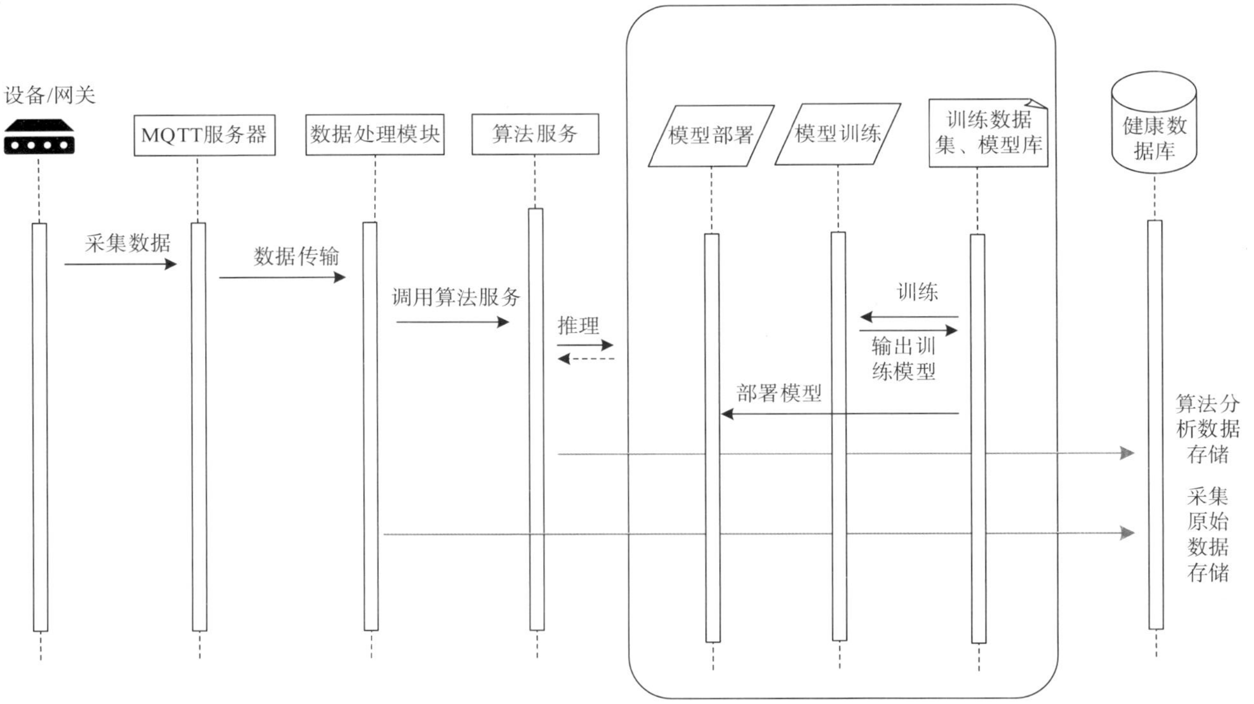

图4-3　数据处理流程时序

网关采集数据通过MQTT服务器传输到IoT服务的数据处理模块，数据处理模块调用算法平台提供的服务接口，使用预先训练好的算法模型进行数据推理，得出健康分析数据，进行存储及展示。

算法平台内部组件交互及任务调度示意如图4–4所示。

操作人员可通过小工具（Tool）下发训练任务，任务进入队列，训练组件中的任务调度程序（job scheduler）负责执行任务调度，并反馈任务结果，训练所需数据集和模型通过数据服务获取。部署流程同理。调用组件负责对外提供接口调用，主要分为推理应用程序接口和数据应用程序接口，推理应用程序接口主要为IoT服务提供数据推理分析（例如，采集的脑电数据经推理分析得出疲劳指数），数据应用程序接口主要为业务平台的数据分析等功能提供数据查询。

算法平台主要提供的接口见表4–1。

（2）数据服务

数据服务提供数据集及模型存取功能，为算法平台提供训练数据以及部署所需模型的管理功能。

数据服务包含数据集管理、模型库管理两大模块（图4–5），数据集管理模块为算法平台提供训练所需数据；模型库管理模块负责存储训练模型，为模型部署提供支持。数据服务与算法平台通过应用程序接口调用的方式交互，此外，所需数据来源于文件系统。

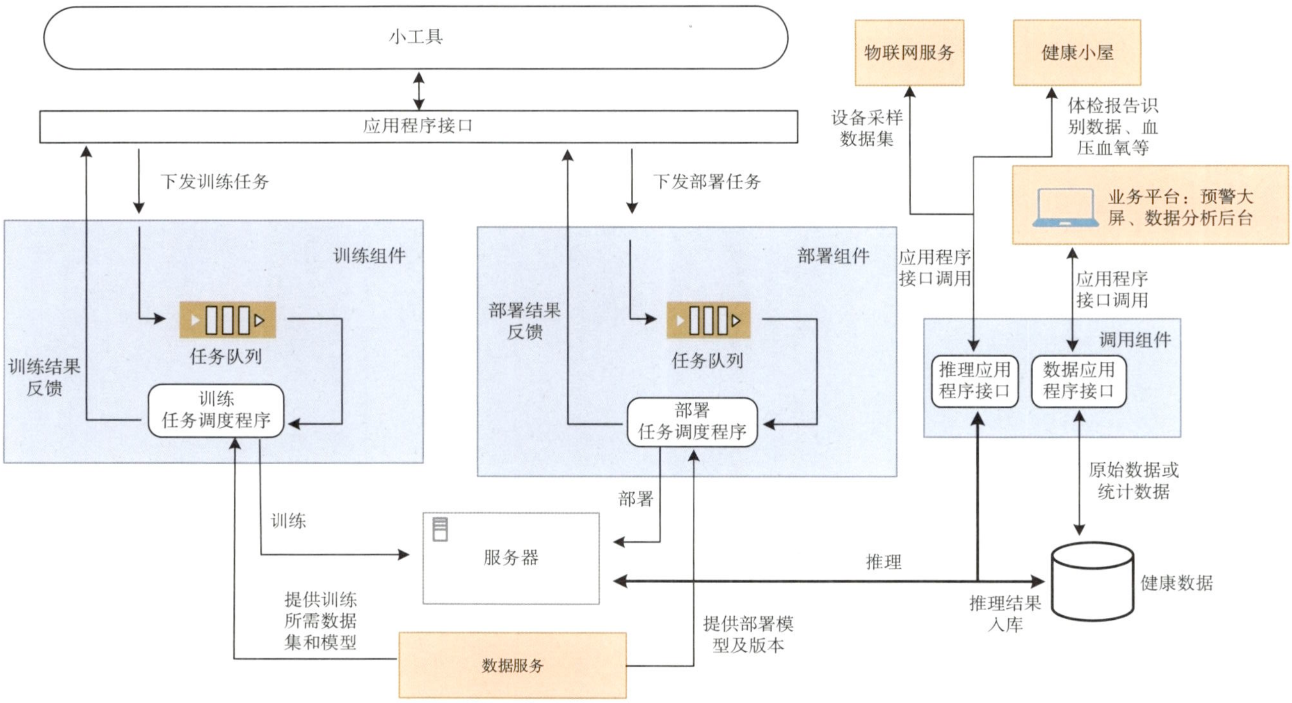

图4-4　算法平台内部组件交互及任务调度

表4-1 算法平台主要提供的接口

接口	接口名	参数	输出	说明
训练	Train	modelId，模型id	trainTaskId，训练任务id	模型训练，下发训练任务
		datasetId，数据集id		
		resource，资源（如GPU卡数）		
查询训练任务	CheckTrainTask	trainTaskId，训练任务id	trainTaskDetail，训练任务详情	训练任务详情包括训练状态、预计时长等
删除训练任务	DeleteTrainTask	trainTaskId，训练任务id		
新建部署	Deploy	modelId，模型id	deployId，部署id	将训练好的模型部署起来，下发部署任务
		version，版本号		
查询部署任务	CheckDeployTask	deployTaskId，部署任务id	deployTaskDetail，部署任务详情	部署任务详情包括部署状态、预计时长等
删除部署任务	DeleteDeployTask	deployTaskId，部署任务id		
获取模型列表	GetModelList		modelList，模型列表	查看所有模型
获取模型信息	GetModelInfo	modelId，模型id	modelInfo，模型信息	模型信息包括模型介绍、版本列表等
获取数据集列表	GetDatasetList		datasetList，数据集列表	查看所有数据集
获取数据集信息	GetDatasetInfo	datasetId，数据集id	datasetInfo，数据集信息	数据集信息包括基本介绍、版本列表等

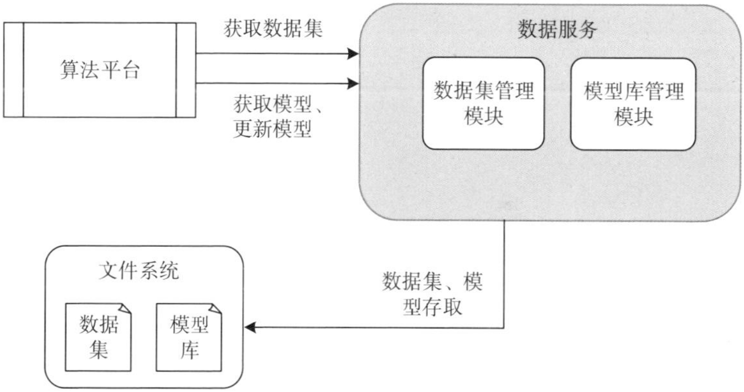

图4-5 数据服务内部模块

数据服务主要用例如图4-6所示。

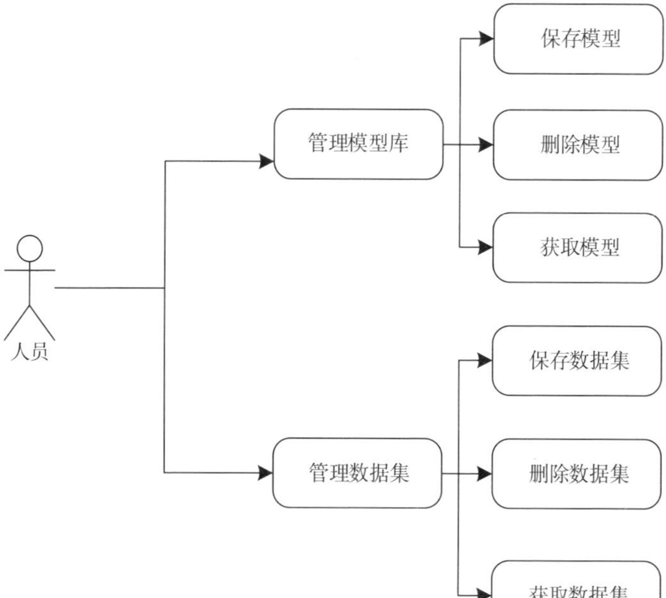

图4-6 数据服务用例

数据服务主要提供的接口见表4-2。

表4-2　数据服务主要提供的接口

接口类型	接口	参数	返回	功能	调用场景
模型库管理	/api/v1/model/save	model：Model	Boolean	保存模型	1. 预置模型 2. 算法平台保存训练好的模型
	/api/v1/model/delete	modelId：String	Boolean	删除模型	
	/api/v1/model/get	modelId：String version：String（可选）	mdoel：Model	获取模型	算法训练、部署时调用
	/api/v1/models		mdoels：List＜ModelInfo＞	获取模型列表	
	/api/v1/model/getInfo	modelId：String version：String（可选）	mdoelInfo：ModelInfo	查询模型信息	版本、更新时间、名称、简介、使用场景等
数据集管理	/api/v1/dataset/save	dataset：Dataset	Boolean	保存数据集	预置数据
	/api/v1/dataset/delete	datasetId：String	Boolean	删除数据集	
	/api/v1/dataset/get	datasetId：String version：String（可选）	dataset：Dataset	获取数据集	算法训练时调用
	/api/v1/datasets		datasets：List＜DatasetInfo＞	获取数据集列表	
	/api/v1/datasets/getInfo	datasetId：String version：String（可选）	datasetInfo：DatasetInfo	查询数据集信息	版本、更新时间、名称、简介、使用场景等

（3）业务平台

业务平台直接面向终端业务，为客户端应用提供服务。客户端产品形态主要包含平板、大屏幕、浏览器应用等。业务平台集成了预警信息看板、数据图表分析、用户后台管理、设备监控看板等功能。

业务平台由用户模块、设备模块、预警模块、数据分析模块等主要模块构成（图4-7）。用户及设备模块主要供管理人员Web端浏览器应用使用，提供用户管理、设备管理等后台服务，实现基本的增删改查功能。预警模块主要为监控告警看板等大屏设备提供服务，便于及时发现风险情况。数据分析模块从算法平台提供的服务中获取数据，展示健康数据分析结果，可提供数据统计分析、个人分析、图表分析等功能，也可供作业人员查看自己的健康状态、体检报告数据等。

业务平台面向用户的主要页面清单见表4-3。

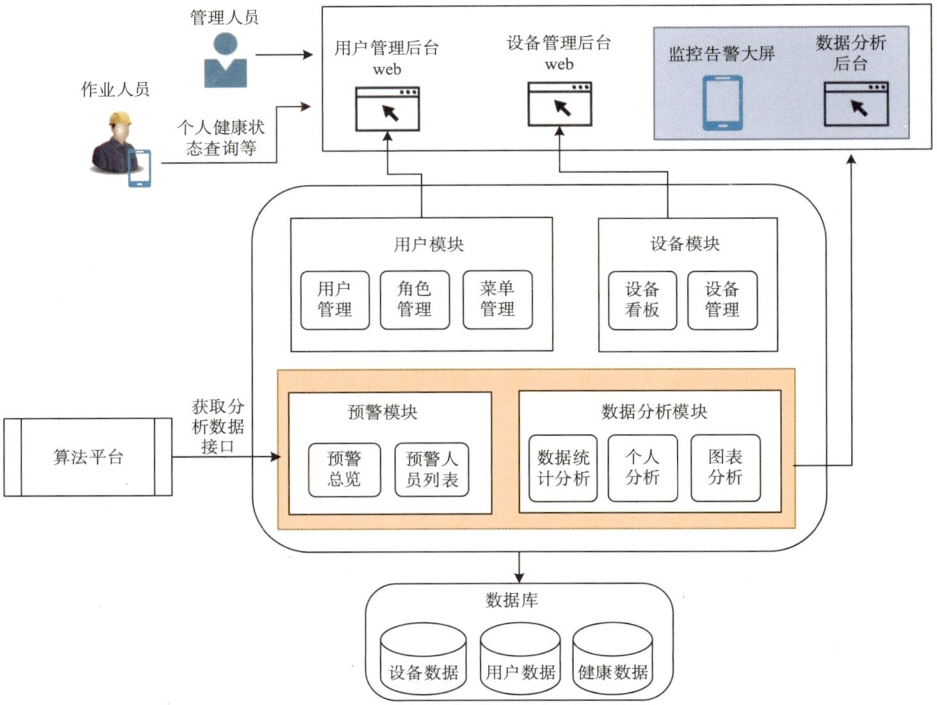

图4-7　业务平台内部模块

表4-3 业务平台面向用户的主要页面

系统	页面	子页面	包含功能	说明
用户管理后台系统	用户管理		人员的增删改查	
	角色管理	角色创建	角色的增删改查	
		角色分配	为用户设定角色	
	权限管理	权限创建	权限的增删改查	
		权限分配	为人员或角色分配权限	权限主要指管理系统菜单权限
设备管理后台系统	产品管理	产品列表	产品的增删改查	
		产品包含设备列表	关联设备的维护	
	设备管理	设备列表	设备的增删改查	
		告警规则配置		
		固件维护及升级		
	网关管理	网关列表	网关的增删改查	
		网关绑定设备列表	关联设备的维护	
	设备看板	设备状态监控大屏		设备状态监控
监控告警大屏系统	告警看板		作业人员实时风险告警	
数据分析后台系统	数据展示		基本数据展示	
	数据汇总		汇总分析	
	图表展示		图表分析	

业务平台的终端产品形态主要包括四大系统：用户管理后台系统、设备管理后台系统、监控告警大屏系统、数据分析后台系统。用户和设备管理后台系统的页面主要包含基本的数据增删改查、导入导出功能。监控告警大屏系统可展示疲劳状态预警信息、作业风险预警信息等。数据分析后台系统提供交互

体验良好的用户页面，方便用户进行数据筛选、汇总查询、统计分析、各类图表绘制等，体现数据价值。

（4）数据库

系统采用关系型数据库存储用户数据、健康数据等，采用文件系统存储算法相关的模型、数据集等。具体设计如下。

①用户数据。

用户数据包括用户基本信息（User）、用户角色（Role）、功能菜单（Menu）、权限配置（Authority）等，见表4–4～表4–7。

表4–4　用户基本信息

名称	字段	类型	说明
User	id	String	
	name	String	姓名
	age	Int	年龄
	gender	Gender	性别
	department	String	部门
	jobNumber	String	工号
	phone	String	联系方式
	createTime	Date	
	updateTime	Date	

表4–5　用户角色

名称	字段	类型	说明
Role	id	String	
	role	Role	角色
	createTime	Date	
	updateTime	Date	

表4-6 功能菜单

名称	字段	类型	说明
Menu	id	String	
	menuItem	String	菜单项
	desc	String	描述
	level	Int	菜单层级
	system	System	所属系统
	createTime	Date	
	updateTime	Date	

表4-7 权限配置

名称	字段	类型	说明
Authority	id	String	
	userId	String	用户
	role	Role	用户角色
	menu	Menu	用户所能访问的功能菜单
	createTime	Date	
	updateTime	Date	

②健康数据。

健康数据主要指通过设备采集、体检报告识别、算法分析等得来的人体健康数据。

设备采集的基础数据使用key-value的基本格式存储，见表4-8。

表4-8　健康数据

名称	字段	类型	说明
HealthData	id	String	
	k	String	采样数据key
	v	Value	采样数据value
	source	DataSource	数据来源
	createTime	Date	
	updateTime	Date	

高阶健康数据包括体检报告分析数据、职业禁忌分析数据、健康小屋综合状况评估数据、疲劳状态分析数据、作业风险综合评估数据等，来源于算法推理分析结果。

③文件系统设计及目录规划。

数据集以及训练模型采用文件存储，文件系统目录采用层级结构，设计如下。

a. 模型库：model/modelId/version/文件。

模型文件统一放在model根目录下，次级目录以modelId及版本号划分，见表4-9。

b. 数据集：dataset/datasetId/version/文件。

数据集统一放在dataset根目录下，次级目录以datasetId及版本号划分，数据集及数据标注文件放入其中，见表4-10。

4.1.3　物联网（IoT）模块

（1）物联网（IoT）模块在系统中的作用

物联网（IoT）模块在系统中主要负责数据收发及设备管理。物联网（IoT）模块外部交互如图4-8所示。IoT模块通过消息队列遥测传输（MQTT）协议与硬件设备进行数据上传、

表4-9　模型文件目录规划

根目录	次级目录（modelId）	次级目录（version）	模型文件	说明
model	BodyCompositionEvaluate	1.0	BodyCompositionEvaluate.model	身体成分水平评估模型
	CardiovascularHealthEvaluate	1.0	CardiovascularHealthEvaluate.model	心血管健康评估模型
	AttentionEvaluate	1.0	AttentionEvaluate.model	注意力评估模型
	ResponseEvaluate	1.0	ResponseEvaluate.model	反应能力评估模型
	HealthComprehensiveEvaluate	1.0	HealthComprehensiveEvaluate.model	身体健康综合评估模型
	MentalStateEvaluate	1.0	MentalStateEvaluate.model	精神状态综合评估模型

表4-10　数据集目录规划

根目录	次级目录（datasetId）	次级目录（version）	文件	说明
dataset	BodyCompositionDataset	1.0	BodyCompositionEvaluate.dataset	身体成分水平评估数据集
			BodyCompositionEvaluate.annotation	身体成分水平评估数据标注
	CardiovascularHealthDataset	1.0	CardiovascularHealthEvaluate.dataset	心血管健康评估数据集
			CardiovascularHealthEvaluate.annotation	心血管健康评估数据标注
	AttentionDataset	1.0	AttentionEvaluate.dataset	注意力评估数据集
			AttentionEvaluate.annotation	注意力评估数据标注
	ResponseDataset	1.0	ResponseEvaluate.dataset	反应能力评估数据集
			ResponseEvaluate.annotation	反应能力评估数据标注
	HealthComprehensiveDataset	1.0	HealthComprehensiveEvaluate.dataset	身体健康综合评估数据集
			HealthComprehensiveEvaluate.annotation	身体健康综合评估数据标注
	MentalStateDataset	1.0	MentalStateEvaluate.dataset	精神状态综合评估数据集
			MentalStateEvaluate.annotation	精神状态综合评估数据标注

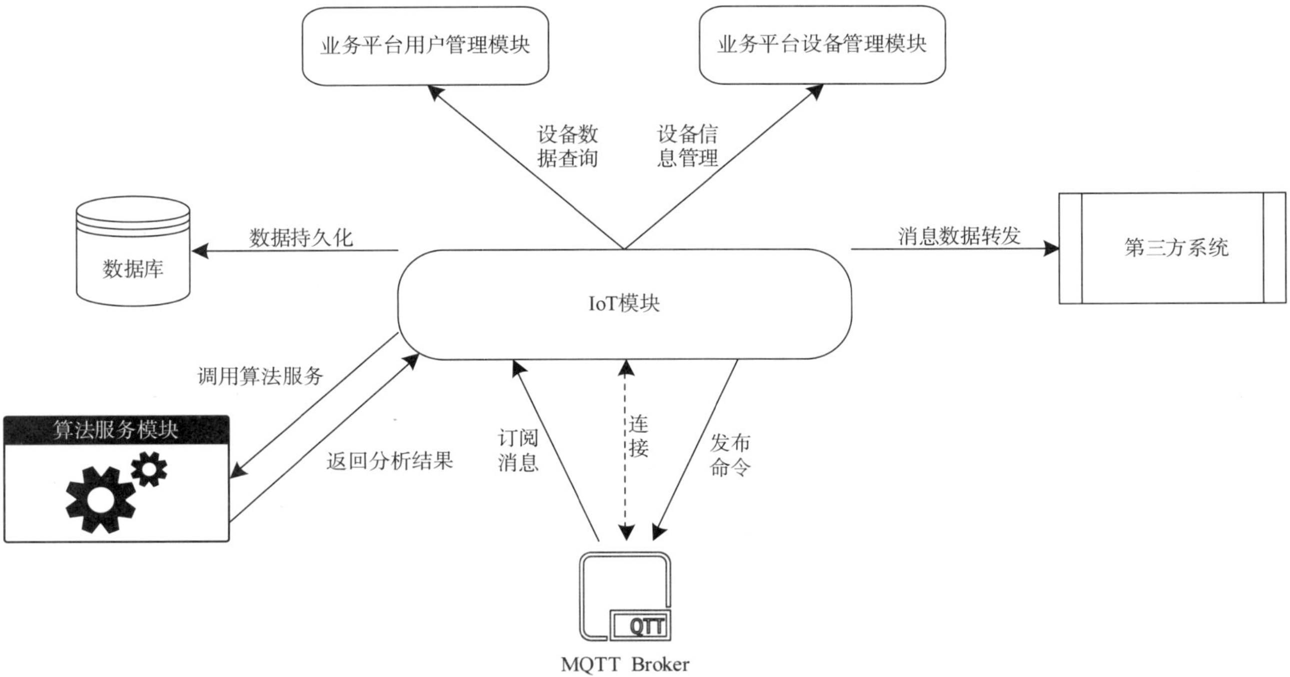

图4-8 物联网（IoT）模块外部交互

指令下发等交互操作，以及对设备进行联网管理、告警规则配置分发等。服务过程中与硬件设备的直接交互由MQTT Broker服务器完成，MQTT Broker是MQTT架构的核心，主要负责协调MQTT客户端（发布者和订阅者）之间的通信。

（2）物联网（IoT）模块的构成

物联网（IoT）模块由MQTT Broker、设备管理模块、数据处理模块组成，如图4–9所示。设备数据由数据处理模块进行转发处理。设备管理模块则主要负责设备信息的维护。

（3）数据接入

MQTT Broker的数据接入组件负责采集设备数据，采集流程为设备通过蓝牙、串口等协议与网关建立连接，网关通过MQTT协议与MQTT Broker交互，物联网（IoT）服务则通过订阅MQTT Broker中指定的Topic获取设备数据。

数据接入主要包括设备属性上报、设备采样数据上报以及设备事件上报等场景，分别用于上报设备基本信息、设备采集的用户数据以及设备在IoT平台上对应的事件信息。不同场景下需要定义不同的数据接收格式和Topic。

①设备属性上报。

上行Topic：iot/up/{网关ID}/{设备ID}/attributes/report。

相关数据格式见表4–11、表4–12。

表4–11　设备属性消息

字段	类型	说明
type	String	消息类型
payload	List<DeviceAttributes>	设备属性列表
timestamp	Long	消息时间戳

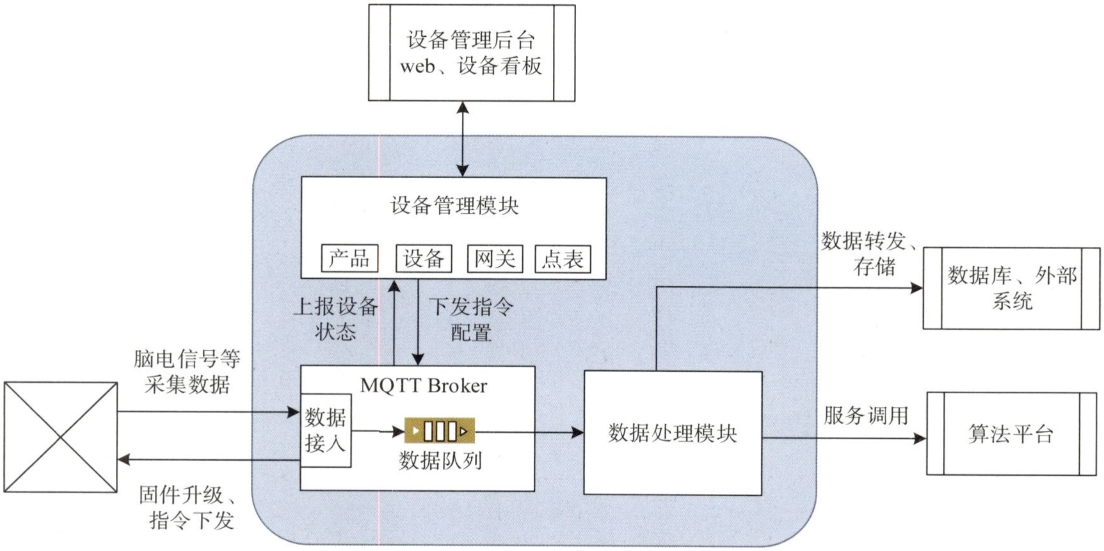

图4-9　物联网（IoT）模块的构成

表4-12　设备属性

字段	类型	说明
attributeName	String	设备属性名称
attributeValue	String	设备属性值

②设备采样数据上报。

上行Topic：iot/up/{网关ID}/{设备ID}/telemetry/report。

相关数据格式见表4-13～表4-15。

表4-13　设备采样数据消息

字段	类型	说明
type	String	消息类型
payload	Telemetry	设备采样数据
timestamp	Long	消息时间戳

表4-14　设备采样记录

字段	类型	说明
deviceId	String	设备标识
requestId	String	设备采样请求标识
items	List＜TelemetrySample＞	设备采样数据列表

表4-15　设备采样数据

字段	类型	说明
k	String	采样数据标识名
v	String	采样数据值

③设备事件上报。

上行Topic：iot/up/{网关ID}/{设备ID}/event/report。

相关数据格式见表4-16～表4-18。

表4-16　设备事件消息

字段	类型	说明
type	String	消息类型
payload	DeviceEvent	设备事件描述
timestamp	Long	消息时间戳

表4-17　设备事件描述

字段	类型	说明
eventType	String	设备事件类型
deviceId	String	设备标识
deviceStatusInfo	DeviceStatusInfo	设备状态信息

表4-18　设备状态信息

字段	类型	说明
isOnline	Boolean	设备上线状态
isActive	Boolean	设备激活状态

（4）数据处理

设备采样数据接入物联网（IoT）模块后，由数据处理模块监听设备采样数据上报事件并处理。

（5）设备管理

设备属性上报消息和设备事件上报消息接入物联网（IoT）模块后，由设备管理模块监听具体事件并处理。

同时设备管理模块与数据库进行交互，将产品信息、设备信息等存储在数据库中。用户可以通过业务平台的设备管理模块与这些后台数据进行交互。

数据库设计见表4-19～表4-24。

表4-19　设备

名称	字段	类型	说明
Device	Id	String	设备ID
	name	String	设备名称
	gatewayId	String	设备绑定网关
	productId	String	设备隶属产品
	currentUserId	String	当前绑定用户
	status	DeviceStatus	设备状态，如在线、离线
	location	Location	设备部署详细位置，如××省××市××地点
	type	DeviceType	设备类型（直连，网关，网关子设备）
	createTime	Date	
	updateTime	Date	

表4-20　产品

名称	字段	类型	说明
Product	Id	String	产品ID
	name	String	产品名称
	type	ProductionType	产品类型，如脑电头带
	manufactor	Manufactor	生产厂家
	productKey	String	产品认证密钥
	createTime	Date	
	updateTime	Date	

表4-21 告警规则

名称	字段	类型	说明
WarningRule	Id	String	告警规则ID
	productId	String	告警规则关联产品ID
	ParamField	Enum	参数域
	LogicCompare	Enum	逻辑比较符
	ComparedValue	Number	阈值
	createTime	Date	
	updateTime	Date	

表4-22 告警动作

名称	字段	类型	说明
WarningRule	Id	String	告警动作ID
	ruleId	String	关联告警规则ID
	actionType	Enum	告警动作类型
	destType	Enum	告警动作目标类型
	Dest	Enum	告警动作目标
	createTime	Date	
	updateTime	Date	

表4-23 转发规则

名称	字段	类型	说明
TransmitRule	Id	String	转发规则ID
	productId	String	转发规则关联产品ID
	ParamField	Enum	参数域
	LogicCompare	Enum	逻辑比较符
	ComparedValue	Number	阈值
	createTime	Date	
	updateTime	Date	

表4-24　固件

名称	字段	类型	说明
Firmware	Id	String	固件ID
	productId	String	固件关联产品ID
	name	String	固件名称
	Version	String	固件版本
	isLatest	Boolean	是否最新版本
	createTime	Date	
	updateTime	Date	

○ 4.1.4　实施效果展示

系统主要功能页面如下。

（1）用户管理模块

①人员管理。

人员管理页面如图4-10所示。

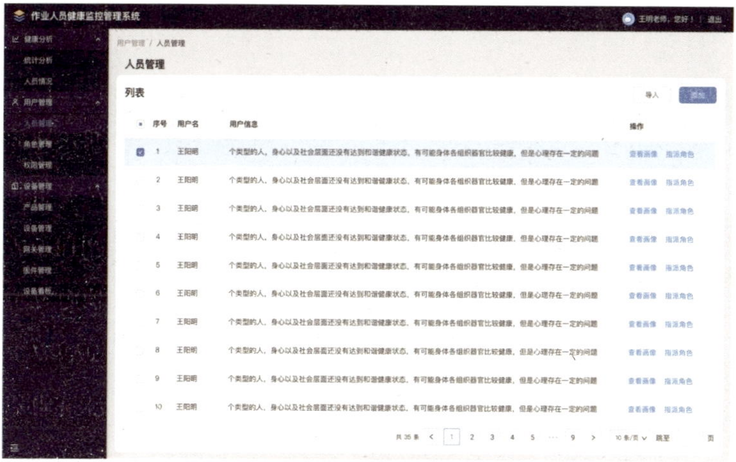

图4-10　人员管理页面

②角色管理。

角色管理页面如图4-11所示。

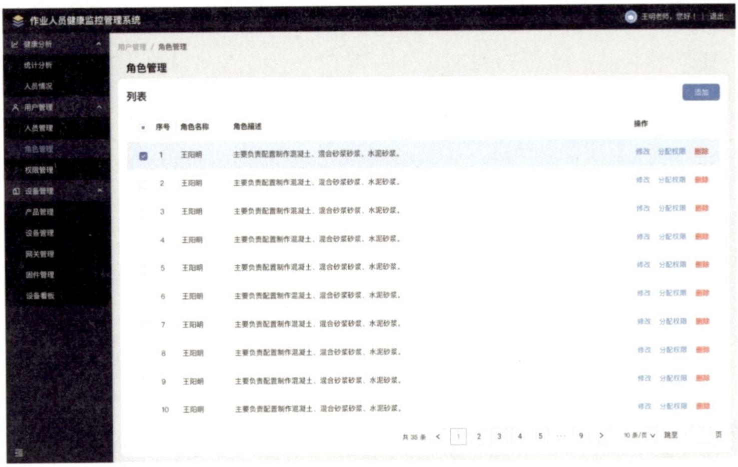

图4-11　角色管理页面

（2）预警模块

预警模块可以监控作业人员的实时身体状态，及时给出预警，防止潜在的风险发生。产品形态主要为告警监控大屏，告警监控页面如图4-12所示。

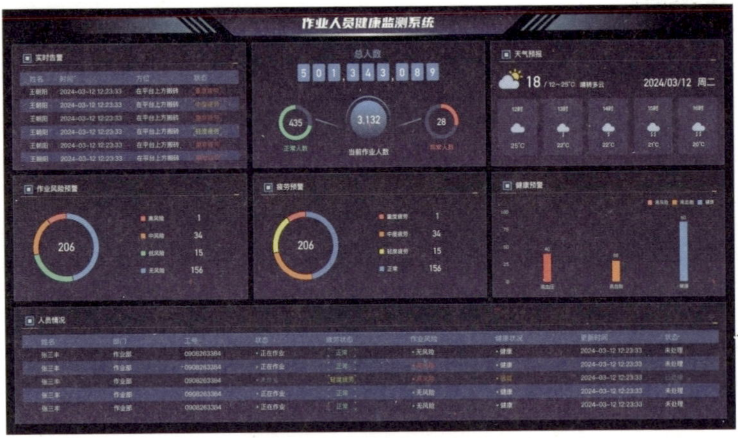

图4-12　告警监控页面

（3）健康分析模块

健康分析模块可以对系统采集的数据进行统计分析，包括风险统计、人员健康统计、疲劳统计等，使用直观、简洁的图表形式，让管理人员掌握近期整体作业人员的作业风险情况及健康状况等，以便及时进行干预调整。此外，该模块还提供人员情况分析功能，供管理人员查询作业人员情况。主要功能页面如下。

①统计分析。

统计分析页面如图4-13所示。

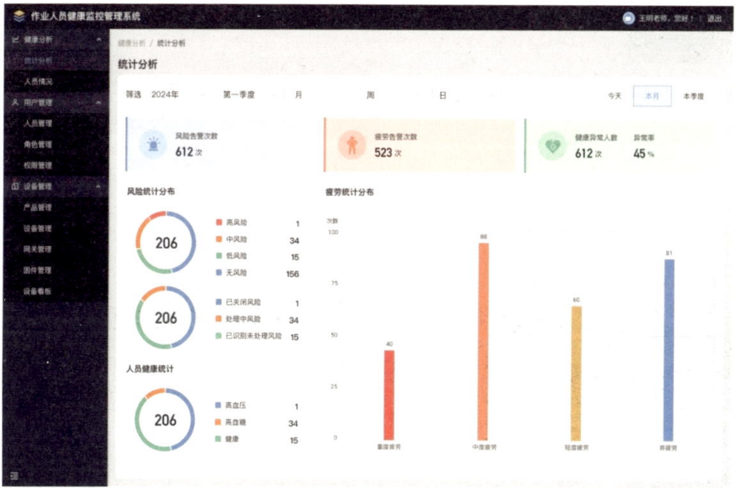

图4-13 统计分析页面

②人员情况。

人员情况页面如图4-14所示。

图4-14　人员情况页面

（4）设备管理模块

①产品管理。

产品管理页面如图4-15所示。

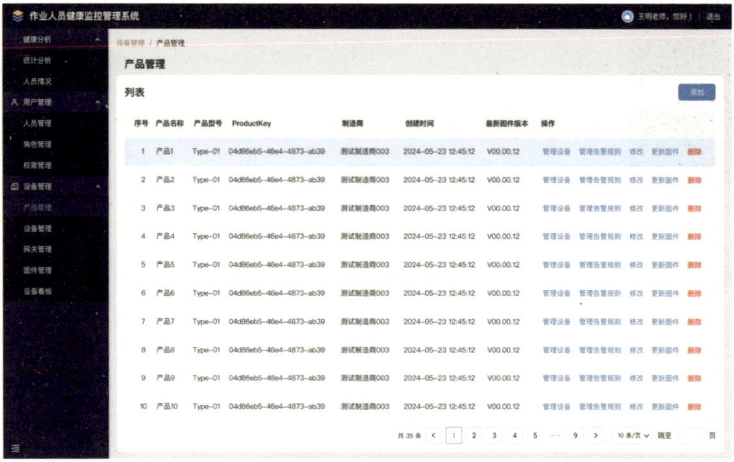

图4-15　产品管理页面

②设备管理。

设备管理页面如图4-16所示。

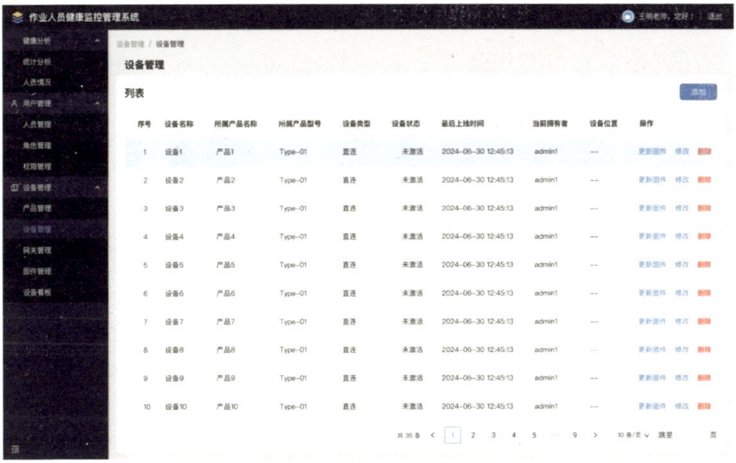

图4-16　设备管理页面

③固件管理。

固件管理页面如图4-17所示。

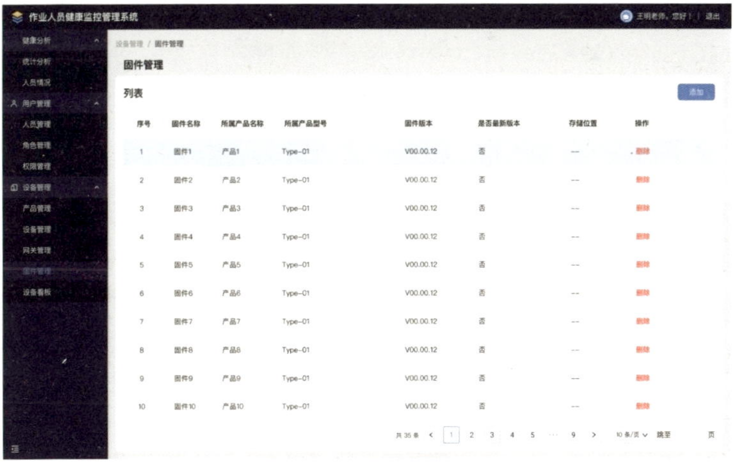

图4-17　固件管理页面

4.2 智能脑电安全帽设计与开发

4.2.1 数据采集电路模块设计

数据采集电路模块设计如图4-18所示。

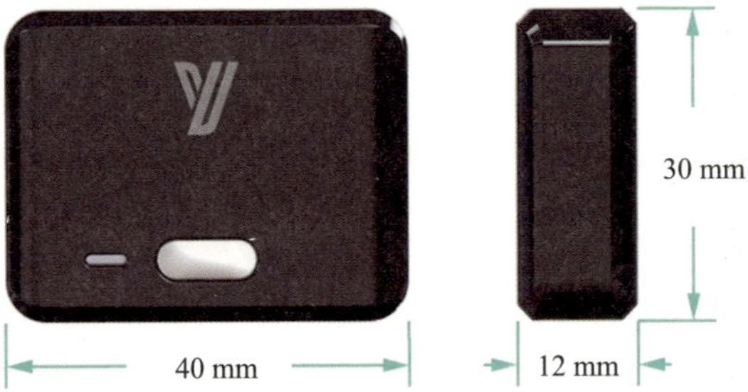

图4-18 采集模块外观

通过柔性电极对采集到的脑电信号进行低通滤波预处理，随后通过ADS1299集成芯片对信号进行滤波、放大、模数转换后，再采取串行外设接口（serial peripheral interface，SPI）协议传输给主控单片机微控制器（microcontroller unit，MCU）nrf52832。MCU对数据进行处理，处理后的数据通过SPI传输到蓝牙模块，再由蓝牙模块将数据发送到上位机。

ADS1299器件是8通道低噪声、24位同步采样Δ-Σ模数转换器（analog to digital converter，ADC）系列产品。该系列内置可编程增益放大器（programmable gain amplifier，PGA）、内部基准以及板载振荡器。ADS1299-x具备颅外脑电图应用所需的全部常用功能。凭借其高集成度和出色性能，ADS1299-x能够以大幅缩小的尺寸、显著降低的功耗和整体成本构建可扩展的医疗仪器系统。

ADS1299-x在每条通道中均配有一个灵活的输入多路复

用器，该复用器可与内部生成的信号独立相连，完成测试、温度和导联断开检测；可选择输入通道的任一配置生成患者偏置输出信号；提供可选信令无线承载（SRB）引脚，旨在将公共信号路由至参考蒙太奇配置的多路输入。ADS1299-x以250每秒采样（samples per second，SPS）至16每秒千次采样（kilo samples per second，kSPS）的数据传输速率运行。该复用器可通过激励电流阱/电流源在器件内部实现导联断开检测。

ADS1299-x 24位模数转换器的特性如下。

①内置多达8个低噪声可编程增益放大器（PGA）和8个高分辨率同步采样模数转换器（ADC）；

②输入参考噪声：1 μVpp（带宽为70 Hz）；

③输入偏置电流：300 pA；

④数据速率：250 SPS～16 kSPS；

⑤共模抑制比（common mode rejection ratio，CMRR）：-110 dB；

⑥可编程增益：1，2，4，6，8，12或者24；

⑦内置单极或者双极电源：模拟电源为4.75～5.25 V，数字电源为1.8～3.6 V；

⑧内置偏置驱动放大器；

⑨持续断线检测，测试信号；

⑩内置振荡器；

⑪内部或者外部基准；

⑫灵活的省电、待机模式；

⑬与ADS129x 引脚兼容；

⑭兼容串行外设接口（SPI）的串行接口；

⑮工作温度范围：-40～85 ℃。

ADS1299芯片逻辑框架如图4-19所示。

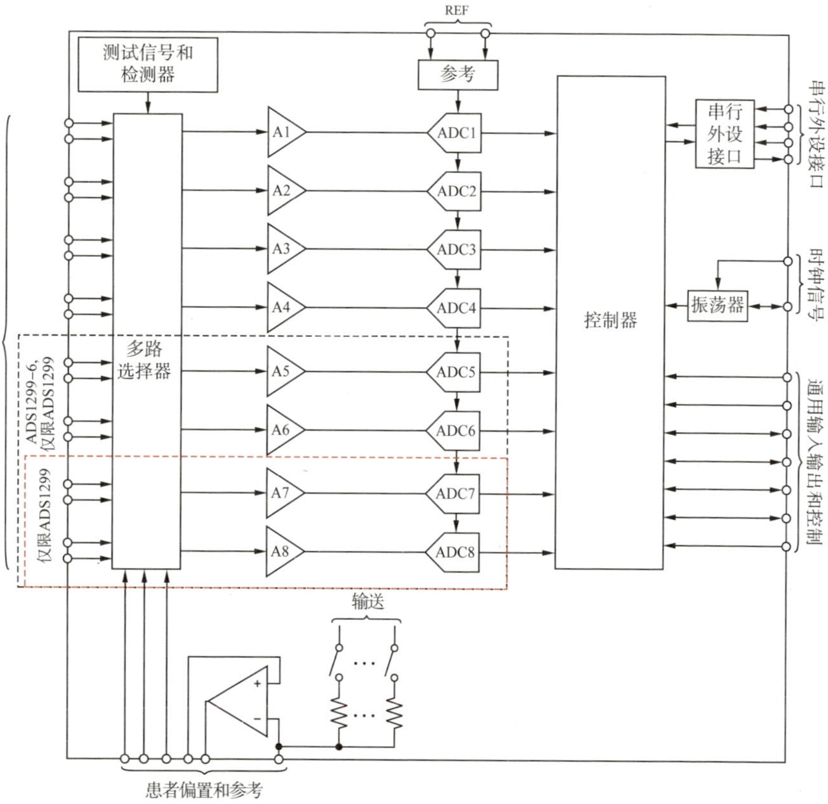

图4-19　ADS1299芯片逻辑框架

脑电信号极其微弱，其主要频段为0.5～100 Hz，信号幅值范围为5～100 uV，所以极易受其他信号的干扰。由于人体的分布电容、肌肉活动以及电子元器件易受外界电磁环境影响，脑电信号通常带有多种干扰信号，如基线漂移、工频干扰、肌电干扰等，因此脑电信号前端采集的模拟电路设计对于整体脑电采集系统尤为重要。

ADS1299最大的优势是超低噪声，输入参考噪声仅为1 μVpp（带宽为70 Hz），相比德州仪器（TI）公司的同类型产品ADS1298和分立器件搭建的电路有很大优势。ADS1298的输入参考噪声只能做到3 μVpp，而分立器件搭建的电路的输入参考噪声只能做到5 μVpp。

ADS1299为差分输入，其共模抑制比（CMRR）高达110 dB，且其输入阻抗高达500 MΩ，再配合闭环偏置驱动电路设计，能够很好地满足系统的抗干扰要求；ADS1299内部含有8个低噪声的可编程增益放大器（PGA）和8个同步采样模数（A/D）转换器，精度高达24 bit。当V_{REF}=4.5 V时，其信号电压的分辨率为$V_{LSB}=\frac{V_{REF}}{2^{23}-1}=0.536\,\mu V$。如果将PGA可编程增益控制考虑进去，则其信号电压分辨率可以达到0.0536 μV。

○ 4.2.2　主控及通信模块设计

系统采用STM32F401CB芯片作为主控芯片。STM32F401是为需要在小至3 mm× 3 mm的封装内实现均衡性能、高功效及高嵌入式存储器与外设集成度的医疗、工业和消费类应用而设计的。STM32F401微控制器不仅可以提供工作频率为84 MHz的Cortex™-M4内核（具有浮点单元）的性能，同时还能在运行和停机模式下实现低功耗性能。

性能：在84 MHz频率下，从Flash存储器执行时，STM32F401微控制器能够提供105 DMIPS/285 CoreMark的性能，并且利用意法半导体的自适应实时（ART）加速器实现了FLASH零等待状态。数字信号处理器（DSP）指令和浮点单元则扩大了产品的应用范围。

功效：该系列产品采用意法半导体90 nm工艺和ART加速器，具有动态功耗调整功能，能够在运行模式和从Flash存储器执行时实现低至128 μA/MHz的电流消耗。停机模式下，功耗低至9 μA。

集成度：STM32F401系列MCU在小至3 mm × 3 mm的封装内提供了128～512 kB Flash、96 kB SRAM和49～100个引脚。

STM32F401CB芯片特性如下。

①3路USART，速度高达10.5 Mbit/s；

②速度高达2.4 MSPS的12位ADC；

③4路SPI，速度高达42 Mbit/s；

④10个频率高达84 MHz的16位和32位定时器；

⑤3路I^2C；

⑥1个SDIO；

⑦1个USB 2.0 OTG（全速）；

⑧2路全双工I^2S，速度高达10.5 Mbit/s。

通信采用ALK8266Wi-Fi芯片，基于SPI的高速Wi-Fi模块。该芯片在多款普通单片机，如STM32系列及其兼容系列（如国产GD系列）、NXP系列（LPC和iMX跨接处理器）、TI DSP（如TMS320F28335）、Nuvoton新塘系列、C8051系列上测试验证，实现了高速传输。普通环境下，实测有效速度可以超过兆字节每秒，可实现长时间运行不掉线、不丢包，在单片机音视频传输、高速采集数据传输场合都得到了一年以上的产品化验证。而且集成简单（就像访问普通的SPI外设一样简单），占用单片机资源少（无须在单片机上集成操作系统或协议栈）。该方案功能强大、性能高、稳定，集成移植简单、适用面广，精致小巧。

ALK8266Wi-Fi芯片特性如下。

①支持802.11 b/g/n，基于ESP8266EX；

②支持工作站（STA）、热点（AP）和混合模式；

③天线效率高，超过70%；

④输出功率大，输入灵敏度高，其中最大输出功率不低于20 dBm，射频输入灵敏度不高于-91 dBm；

⑤支持低电压晶体管-晶体管逻辑（LVTTL）电平标准的通用异步接收/发送器（UART）串口通信，波特率最高可达2 Mb/s；

⑥支持串行外设接口（SPI）通信，速率最高可达40 Mb/s；

⑦支持通过I/O扩展资源；

⑧1个ADC输入；

⑨工作温度：-40～85 ℃。

电源采用XC6221A332芯片，是一款高精度、低噪声、高速率、低功耗、高纹波抑制的互补金属氧化物半导体（CMOS）稳压器。该系列包括参考电压源、误差放大器、限流器和相位补偿电路。

XC6221A332芯片特性如下。

①最大输出电流：200～250 mA；

②输入电压范围：1.6～6.0 V；

③输出电压范围：0.8～5.0 V；

④静态电流：0.1 uA；

⑤工作温度：-40～85 ℃。

XC6221A332芯片逻辑框架如图4-20所示。

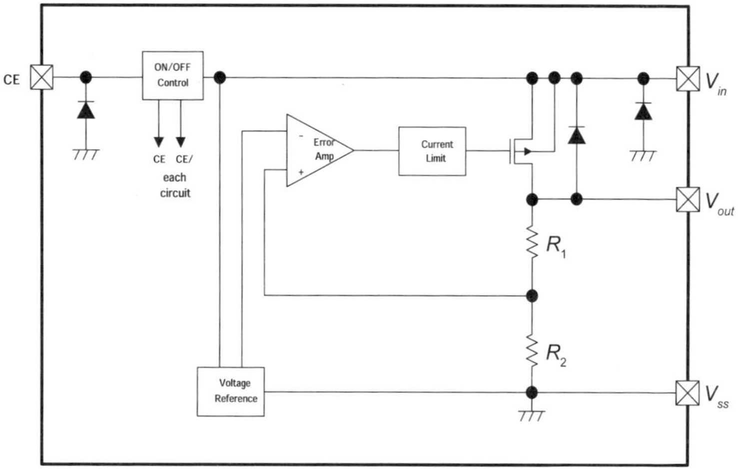

图4-20 XC6221A332芯片逻辑框架

注：CE为芯片使能信号；ON/OFF Control为开关控制；Error Amp为误差放大器；each circuit为每个电路；Current Limit为电流控制；Voltage Reference为参考电压。

○ 4.2.3 脑电安全帽系统集成

本项目采用适用于可穿戴式测试环境的织物基多层次结构柔性电极，包括导电织物、导电泡棉、纯棉织物和导电按扣等。图4-21展示了设计的多层次结构电极，拟选取具有优异导电性的导电织物（表面电阻≤0.025 Ω/m^2，垂直电阻≤0.05 Ω），一面镀有纳米金属材料如纳米镍铜等，另一面涂覆导电黏合剂。导电泡棉是一种通过发泡技术生产的聚氨酯（PU）材料，具有良好的导电性（表面电阻≈100 Ω/m^2，垂直电阻≈5 Ω）。将纯棉织物作为高吸水透湿的面料放置在导电织物和泡棉之间，在导电织物上设置一个菱形通孔使纯棉织物与皮肤直接接触，加速汗液或注入的电解液的吸收过程。采用导电按扣连接电极与后端信号传输线。

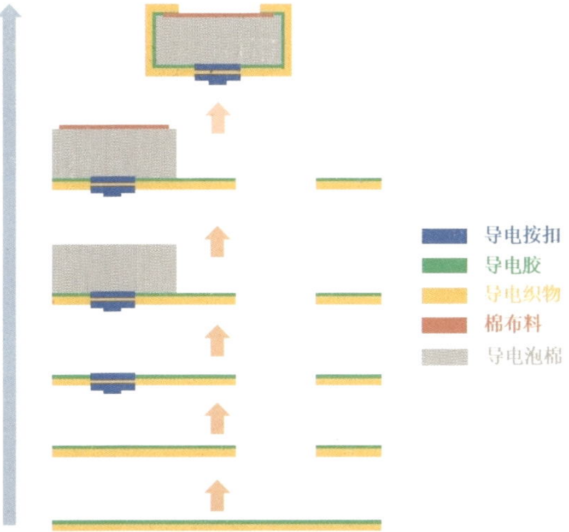

图4-21　织物电极制作步骤（侧视剖面）

将上述织物电极、数据采集模块、主控模块与安全帽集成制备智能脑电头盔，如图4-22所示，实现前额三导联脑电动态监测。

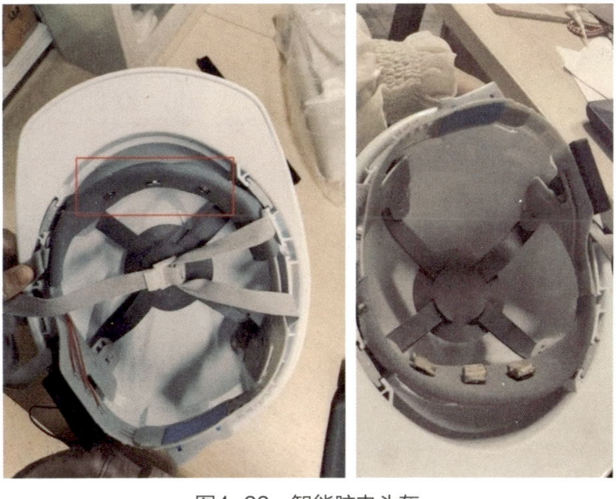

图4-22　智能脑电头盔

○ 4.2.4 采集效果分析

为了验证电极的可用性和可靠性，需要进行一系列的电化学性能评估：①测试电极的接触阻抗。将两个电极放置在人体皮肤的相邻位置（中心间隔2 cm），使用CHI660E电化学分析仪测量0.1～1 000 Hz的人体皮肤–电极交流阻抗，得到电极–皮肤接触阻抗的性能，与湿电极的性能进行对比；②为了验证电极的长期稳定性，进行持续8 h或以上的长期阻抗测试，每小时记录一次在10 Hz时的交流阻抗值，得到电极–皮肤接触阻抗在不同时间的测量值；③为了验证设计的多层电极的吸水性能，进行吸水性测试试验：将人工汗液或电解液滴在电极的吸汗层布料上，记录其在电极上扩散至观察不到镜面反射的时间，重复多次试验取平均值，若平均时间＜10 s，则认为该电极吸液性能良好；④进一步验证电极吸液后的阻抗性能。用两个电极同时吸收固定量的电解液，重复步骤①中的试验，记录交流阻抗值，得到电极–皮肤接触阻抗吸收电解液前后的对比结果。测试结果如图4–23～图4–25所示，可知采用的织物电极性能与金标准湿电极接近。

将工作电极、参考电极和地电极通过连接线短接，测试感知到的信号，可表征由于硬件电路噪声和电极电化学噪声造成的系统噪声，测试结果如图4–26所示，系统噪声＜5 μVpp，符合国际标准IEC 80601–2–26:2019。

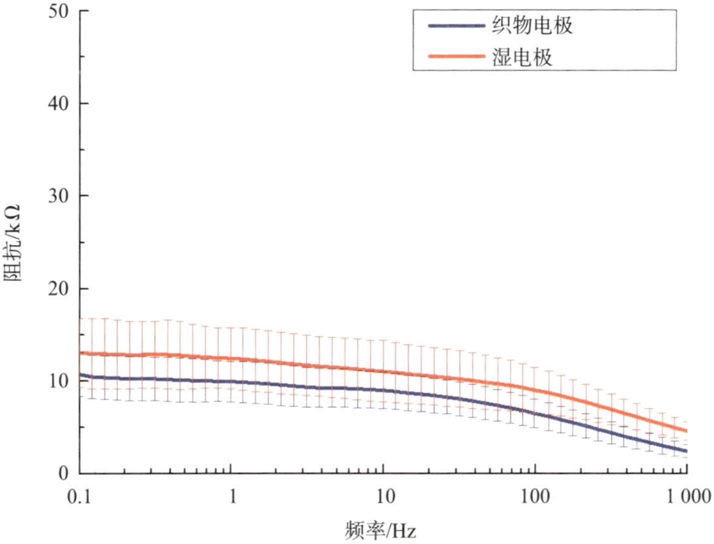

图4-23　干燥时织物电极与湿电极接触阻抗对比

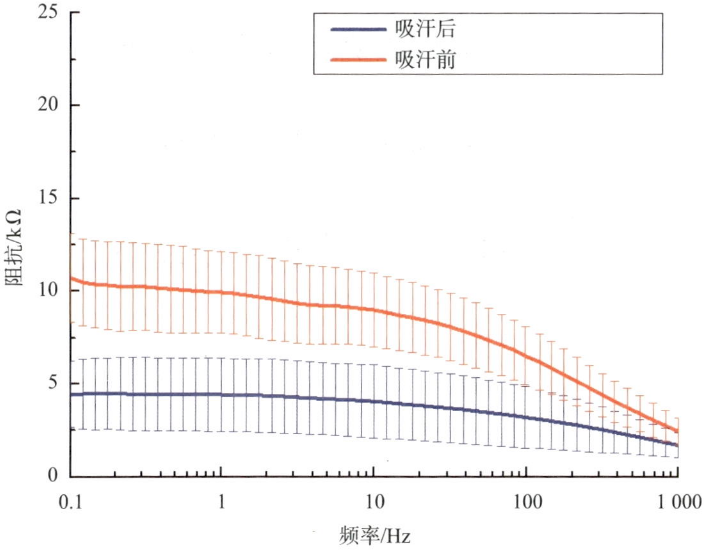

图4-24　织物电极吸汗前后接触阻抗对比

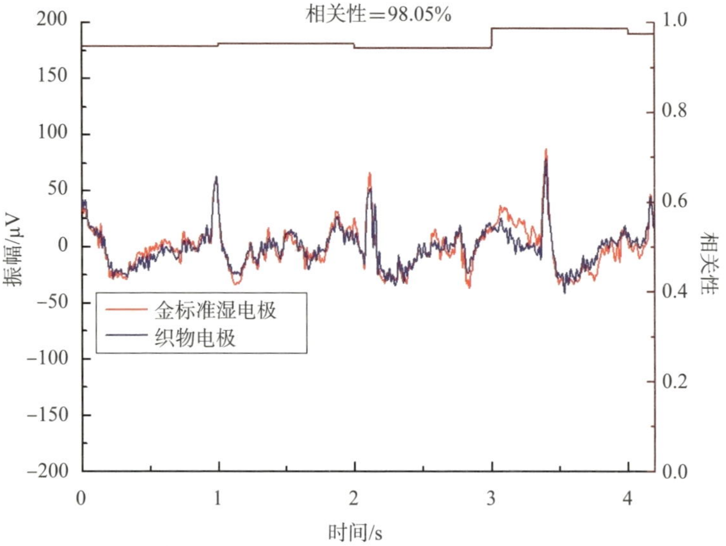

图4-25　静态时织物电极与金标准湿电极脑电采集效果对比

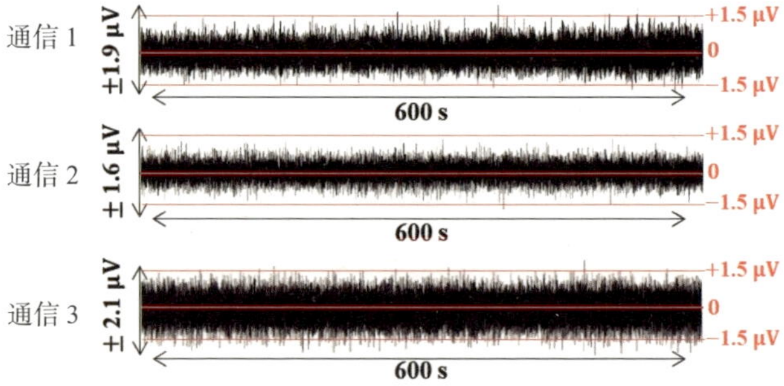

图4-26　系统内部噪声测试结果

让受试者佩戴智能脑电头盔并处于静息态，采集其脑电信号（其间受试者有眨眼等行为）。根据脑电波形图（图4-27）可看出明显的静息态脑电信号及眨眼行为，将眼电信号滤除，经过0.1～50 Hz带通滤波后，使用快速傅里叶变换得到脑电信号频谱图（图4-28），易看出频谱分布符合静息态脑电常规特征，可知脑电安全帽可有效采集特征信号。

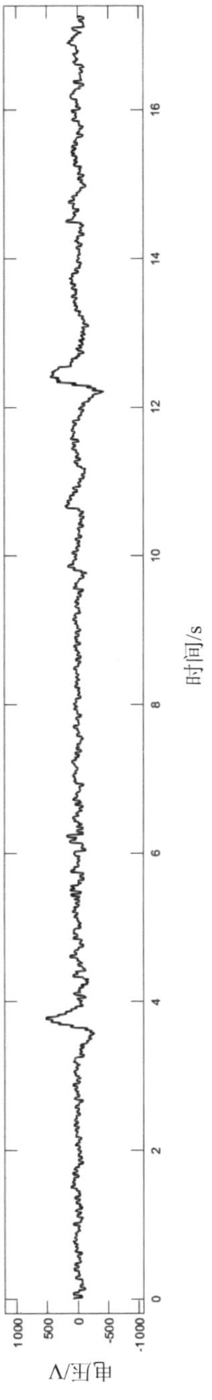

图4-27 静息态脑电波

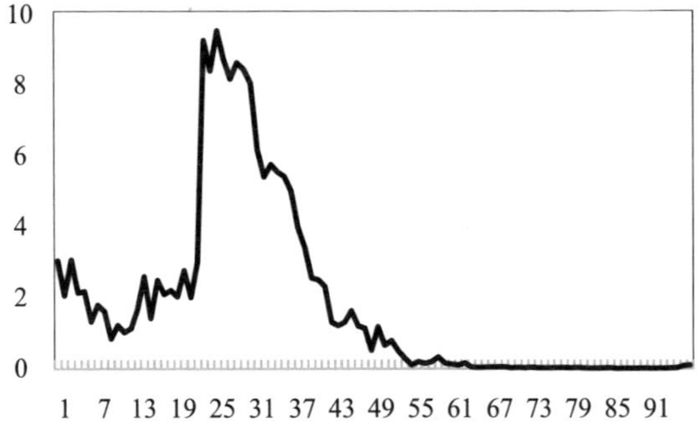

图4-28　静息态脑电信号频谱

5 总结、展望与建议

5.1 总结

本研究针对电力行业员工的健康管理需求，提出了一套数字化职业健康态势感知系统。该系统以《南方电网公司2022年人身风险分析及重点管控措施》和《国家职业病防治规划（2021—2025年）》为指导，通过采用先进的数字化和智能化技术，实现了对作业人员身体和精神状态的多维监测，以及作业风险预警和管控。

研究的主要成果如下。

①静态健康数据标准化采集技术：通过光学字符识别（OCR）技术自动提取体检报告要点，构建员工健康档案信息库。

②多源异构数据融合分析技术：开发了基于人体体征历史数据、疲劳状态数据和作业计划关联数据的多模态智能风险预警模型。

③作业人员动态健康数据监测技术：研究了健康采集设备的数据采集标准化技术以及脑电安全帽，实时监测作业人员的疲劳状态。

5.2 展望与建议

随着科技的不断进步，未来的电力行业健康管理将更加智能化、个性化。以下是对未来发展的一些展望。

①技术集成与优化：进一步整合现有的监测技术和数据分析方法，优化算法，提高系统的准确性和响应速度。持续推进体检报告数据的数字化，建立全面的员工健康档案，实现健康信息的实时更新和动态管理。

②实时监测与预警：结合可穿戴设备、智能感知技术，实时监测员工的生理和心理状态，如心率、血压、疲劳程度等，实现对作业人员健康状态的即时分析和风险预警。

③个性化健康管理：结合员工的个体差异，提供个性化的健康管理方案，包括健康建议、风险评估和干预措施。

④跨学科合作：加强与医学、心理学、人体工程学等领域的合作，形成更为全面的健康管理策略。

⑤跨部门协作：与医疗、安全监管等相关部门建立紧密的协作关系，共同推动职业健康管理工作的发展。

⑥法规与标准的制定和完善：推动相关法规和标准的制定和完善，为电力行业健康管理提供规范指导。

⑦国际合作与交流：加强国际合作，学习借鉴国外先进的健康管理理念和技术，提升国内电力行业的健康管理水平。

⑧培训与教育：加强对员工的健康教育和培训，提高他们对职业健康重要性的认识，促进健康行为的形成。

通过这些措施，未来的电力行业将能够更有效地保障员工的健康与安全，并促进自身可持续发展。

参考文献

[1] HEINRICH H W. Industrial accident prevention: a scientific approach[J]. American Journal of Public Health, 1932, 22 (1): 119-120.

[2] 栗文明，孙艳辉，宋和军. NOSA 综合五星管理系统的应用现状[J]. 安全与环境工程，2007，14（4）：89-92.

[3] KIRWAN B. A guide to practical human reliability assessment[M]. Boca Raton: CRC Press, 1994.

[4] National Research Council (US) Committee on the Institutional Means for Assessment of Risks to Public Health. Risk assessment in the federal government: managing the process[M]. Washington, D.C.: National Academy Press (US), 1983.

[5] 封永寿. 风险评估指数法在某新建项目职业病危害预评价中的应用[J]. 中国工业医学杂志，2013，26（3）：220-222.

[6] 刘斌. ICMM 评估模型评估许昌市某火电厂职业健康风险[J]. 河南预防医学杂志，2019，30（1）：81-85.

[7] 周莉芳，张美辨. 职业健康风险评估方法学研究进展[J]. 环境与职业医学，2020，37（2）：125-130.

[8] 高良才，李一博，都林，等. 表格识别技术研究进展[J]. 中国图象图形学报，2022，27（6）：1898-1917.

[9] WATANABE T, LUO Q, SUGIE N. Structure recognition methods for various types of documents[J]. Machine Vision and Applications, 1993, 6: 163-176.

[10] HIRAYAMA Y. A method for table structure analysis using DP matching[C]//Proceedings of the International Conference on Document Analysis and Recognition. IEEE, 1995, 2: 583-586.

[11] GILANI A, QASIM S R, MALIK I, et al. Table detection using deep learning[C]// Proceeding of the International Conference on Document Analysis and Recognition (ICDAR). IEEE, 2017, 1: 771-776.

[12] HE D F, COHEN S, PRICE B, et al. Multi-scale multi-task FCN for semantic page segmentation and table detection[C]//Proceeding of the International Conference on Document Analysis and Recognition (ICDAR). IEEE, 2017, 1: 254-261.

[13] PRASAD D, GADPAL A, KAPADNI K, et al. CascadeTabNet: an approach for end to end table detection and structure recognition from image-based documents[C]//Proceedings of the IEEE/CVF Conference on Computer Vision and Pattern Recognition Workshops. IEEE, 2020: 2439-2447.

[14] QASIM S R, MAHMOOD H, SHAFAIT F. Rethinking table recognition using graph neural networks[C]//Proceeding of the International Conference on Document Analysis and Recognition (ICDAR). IEEE, 2019: 142-147.

[15] FANG J, MITRA P, TANG Z, et al. Table header detection and classification[C]//Proceedings of the 26th AAAI Conference on Artificial Intelligence. 2012, 26 (1): 599-605.

[16] KLEIGER R E, MILLER J P, BIGGER JR J T, et al. Decreased heart rate variability and its association with increased mortality after acute myocardial infarction[J]. The American Journal of Cardiology, 1987, 59 (4): 256-262.

[17] TSUJI H, LARSON M G, VENDITTI F J, et al. Impact of reduced heart rate variability on risk for cardiac events: the Framingham Heart Study[J]. Circulation, 1996, 94 (11): 2850-2855.

[18] LA ROVERE M T, BIGGER JR J T, MARCUS F I, et al. Baroreflex sensitivity and heart-rate variability in prediction of total cardiac mortality after myocardial infarction[J]. The Lancet, 1998, 351 (9101): 478-484.

[19] VINIK A I, MASER R E, MITCHELL B D, et al. Diabetic autonomic neuropathy[J]. Diabetes Care, 2003, 26 (5): 1553-1579.

[20] KALLIO M, HAAPANIEMI T, TURKKA J, et al. Heart rate variability in patients with untreated Parkinson's disease[J]. European Journal of Neurology, 2000, 7 (6): 667-672.

[21] CHANDOLA T, HERACLIDES A, KUMARI M. Psychophysiological biomarkers of workplace stressors[J]. Neuroscience & Biobehavioral Reviews, 2010, 35 (1): 51-57.

[22] JOUANIN J C, DUSSAULT C, PÉRÈS M, et al. Analysis of heart rate variability after a range training course[J]. Military Medicine, 2004, 169 (8): 583-587.

[23] GULA L J, KRAHN A D, SKANES A, et al. Heart rate variability in obstructive sleep apnea: a prospective study

and frequency domain analysis[J]. Annals of Noninvasive Electrocardiology, 2003, 8 (2): 144-149.
[24] TOBALDINI E, NOBILI L, STRADA S, et al. Heart rate variability in normal and pathological sleep[J]. Frontiers in Physiology, 2013, 4: 294.
[25] JAIN F A, COOK I A, LEUCHTER A F, et al. Heart rate variability and treatment outcome in major depression: a pilot study[J]. International Journal of Psychophysiology, 2014, 93 (2): 204-210.
[26] ADAMSON P B, SMITH A L, ABRAHAM W T, et al. Continuous autonomic assessment in patients with symptomatic heart failure: prognostic value of heart rate variability measured by an implanted cardiac resynchronization device[J]. Circulation, 2004, 110 (16): 2389-2394.
[27] PEREZ M V, MAHAFFEY K W, HEDLIN H, et al. Large-scale assessment of a smartwatch to identify atrial fibrillation[J]. New England Journal of Medicine, 2019, 381 (20): 1909-1917.
[28] PEREIRA T, ALMEIDA P R, CUNHA J P, et al. Heart rate variability metrics for fine-grained stress level assessment[J]. Computer Methods and Programs in Biomedicine, 2017, 148: 71-80.
[29] PLEWS D J, LAURSEN P B, STANLEY J, et al. Training adaptation and heart rate variability in elite endurance athletes: opening the door to effective monitoring[J]. Sports Medicine, 2013, 43 (9): 773-781.
[30] ATLAOUI D, PICHOT V, LACOSTE L, et al. Heart rate variability, training variation and performance in elite swimmers[J]. International Journal of Sports Medicine, 2007, 28 (5): 394-400.
[31] NAGPAL M, GLEICHAUF K, GINSBERG J. Meta-analysis of heart rate variability as a psychophysiological indicator of posttraumatic stress disorder[J]. Journal of Trauma & Treatment, 2013, 3 (1): 1-8.
[32] KRYGIER J R, HEATHERS J A, SHAHRESTANI S, et al. Mindfulness meditation, well-being, and heart rate variability: a preliminary investigation into the impact of intensive Vipassana meditation[J]. International Journal of Psychophysiology, 2013, 89 (3): 305-313.
[33] MAO W L, FATHURRAHMAN H I K, LEE Y, et al. EEG

dataset classification using CNN method[C]//Journal of Physics: Conference Series. IOP Publishing, 2020, 1456 (1): 012017.

[34] ZHANG S H, ZHANG Z C, CHEN Z L, et al. A novel method of mental fatigue detection based on CNN and LSTM[J]. International Journal of Computational Science and Engineering, 2021, 24 (3): 290–300.

[35] NIU H S, YIN F F, KIM E S, et al. Advances in flexible sensors for intelligent perception system enhanced by artificial intelligence[J]. Info Mat, 2023, 5 (5): e12412.

[36] CHEN S, LOU Z, CHEN D, et al. An artificial flexible visual memory system based on an UV–motivated memristor[J]. Adv Mater, 2018, 30 (7): 1705400.

[37] JIN X J, LI L L, ZHAO S F, et al. Assessment of occlusal force and local gas release using degradable bacterial cellulose/$Ti_3C_2T_x$ MXene bioaerogel for oral healthcare[J]. ACS Nano, 2021, 15 (11): 18385–18393.

[38] ZHU M, JI S B, LUO Y F, et al. A mechanically interlocking strategy based on conductive microbridges for stretchable electronics[J]. Adv Mater, 2022, 34 (7): 2101339.

[39] DUAN L Y, D' HOOGE D R, CARDON L. Recent progress on flexible and stretchable piezoresistive strain sensors: from design to application[J]. Prog Mater Sci, 2020, 114: 100617.

[40] YAO S S, REN P, SONG R Q, et al. Nanomaterial–enabled flexible and stretchable sensing systems: processing, integration, and applications[J]. Adv Mater, 2020, 32 (15): 1902343.

[41] WANG Y, LEE S H, YOKOTA T, et al. A durable nanomesh on–skin strain gauge for natural skin motion monitoring with minimum mechanical constraints[J]. Sci Adv, 2020, 6 (33): eabb7043.

[42] DONG K, WANG Y C, DENG J N, et al. A highly stretchable and washable all–yarn–based self–charging knitting power textile composed of fiber triboelectric nanogenerators and supercapacitors[J]. ACS Nano, 2017, 11 (9): 9490–9499.

[43] PIKE G E, SEAGER C H. Percolation and conductivity: a computer study[J]. Phys Rev B, 1974, 10 (4): 1421–1434.

[44] FAN W J, HE Q, MENG K Y, et al. Machine–knitted washable sensor array textile for precise epidermal physiological signal monitoring[J]. Science Advances, 2020, 13, 6 (11): eaay2840.

[45] UZUN S, SEYEDIN S, STOLTZFUS A L, et al. Knittable and washable multifunctional MXene-coated cellulose yarns[J]. Advanced Functional Materials, 2019, 29（45）: 1905015.
[46] LI S, LIU G D, LI R, et al. 3contact-resistance-free stretchable strain sensors with high repeatability and linearity[J]. ACS Nano, 2022, 16（1）: 541-553.
[47] 郭斌，刘思聪，刘琰，等. 智能物联网：概念，体系架构与关键技术[J]. 计算机学报，2023，46（11）：2259-2278.
[48] AL-FUQAHA A, GUIZANI M, MOHAMMADI M, et al. Internet of things: a survey on enabling technologies, protocols, and applications[J]. IEEE Communications Surveys & Tutorials, 2015, 17（4）: 2347-2376.
[49] STANKOVIC J A. Research directions for the Internet of Things[J]. IEEE Internet of Things Journal, 2014, 1（1）: 3-9.
[50] SICARI S, RIZZARDI A, GRIECO L A, et al. Security, privacy and trust in Internet of Things: the road ahead[J]. Computer Networks, 2015, 76: 146-164.
[51] SINGH D, TRIPATHI G, JARA A J. A survey of Internet of Things: future vision, architecture, challenges and services[C]// Proceedings of 2014 IEEE World Forum on Internet of Things（WF-IoT）. IEEE, 2014: 287-292.
[52] AKYILDIZ I F, WANG X D. A survey on wireless mesh networks[J]. IEEE Radio Communications, 2005, 43（9）: S23-S30.
[53] ANDREWS J G, BUZZI S, CHOI W, et al. What will 5G be?[J]. IEEE Journal on Selected Areas in Communications, 2014, 32（6）: 1065-1082.
[54] WANG M M, CAO J N, LI J, et al. Middleware for wireless sensor networks: a survey[J]. Journal of Computer Science and Technology, 2008, 23（3）: 305-326.
[55] BAYILMIŞ C, EBLEME M A, ÇAVUŞOĞLU Ü, et al. A survey on communication protocols and performance evaluations for Internet of Things[J]. Digital Communications and Networks, 2022, 8（6）: 1094-1104.
[56] KARAGIANNIS V, CHATZIMISIOS P, VAZQUEZ-GALLEGO F, et al. A survey on application layer protocols for the internet of things[J]. Transaction on IoT and Cloud Computing, 2015, 3

（1）：9–18.

[57] BUYYA R，YEO C S，VENUGOPAL S，et al. Cloud computing and emerging IT platforms：vision，hype，and reality for delivering computing as the 5th utility[J]. Future Generation Computer Systems，2009，25（6）：599–616.

[58] IEEE Computer Society. 802.11–2020 – IEEE Standard for Information Technology—Telecommunications and Information Exchange between Systems – Local and Metropolitan Area Networks—Specific Requirements – Part 11：Wireless LAN Medium Access Control（MAC）and Physical Layer（PHY）Specifications[EB/OL]. [2024–08–20]. https://ieeexplore.ieee.org/document/9363693.

[59] FLUHRER S，MANTIN I，SHAMIR A. Weaknesses in the key scheduling algorithm of RC4[C]//Selected Areas in Cryptography：8th Annual International Workshop，SAC 2001 Toronto，Ontario，Canada，August 16–17，2001 Revised Papers 8. Springer Berlin Heidelberg，2001：1–24.

[60] EZZINE R，AL–FUQAHA A，BRAHAM R，et al. A new generic model for signal propagation in Wi–Fi and WiMAX environments[C]//2008 1st IFIP Wireless Days. IEEE，2008：1–5.

[61] Bluetooth SIG. Bluetooth Technology Overview[EB/OL]. [2024–08–25]. https://www.bluetooth.com/learn–about–bluetooth/tech–overview/

[62] C/LAN/MAN–LAN/MAN Standards Committee. IEEE 802.15.1–2005 IEEE Standard for Information technology—Local and metropolitan area networks—Specific requirements—Part 15.1a：Wireless Medium Access Control（MAC）and Physical Layer（PHY）specifications for Wireless Personal Area Networks（WPAN）[EB/OL].（2005–02–14）[2024–05–20]. https://standards.ieee.org/ieee/802.15.1/3513/.

[63] WANG H F. Overview of Bluetooth technology[D]. Pennsylvania：Pennsylvania State University，2001.

[64] Bluetooth SIG. Bluetooth Core Specification[EB/OL]. [2024–07–28]. https://www.bluetooth.com/specifications/bluetooth–core–specification.

[65] VERMA M，SINGH S，KAUR B. An overview of bluetooth technology and its communication applications[J]. International Journal of Current Engineering and Technology，2015，5（3）：

1588–1592.

[66] AL–RABAIAH S S, AL–SALEM K A. Bluetooth security: a review[J]. International Journal of Computer Applications, 2013, 68 (9): 41–46.

[67] ZigBee Alliance, Inc. ZigBee Specification[EB/OL]. (2015-08–05) [2024–08–20]. https://zigbeealliance.org/wp–content/uploads/2019/11/docs–05–3474–21–0csg–zigbee–specification.pdf.

[68] CRAIG W C. ZigBee: "Wireless Control That Simply Works" [EB/OL]. [2024–08–22]. http://www.123seminarsonly.com/Seminar–Reports/015/49323211–zigbee.pdf.

[69] STANKOVIC J A. Research directions for the internet of things[J]. IEEE Internet of Things Journal, 2014, 1 (1): 3–9.

[70] KARNAIN M A B, ZAKARIA Z B. A review on ZigBee security enhancement in smart home environment[C]//2015 2nd International Conference on Information Science and Security (ICISS). IEEE, 2015: 1–4.

[71] ADEBUSOLA J A, ARIYO A A, ELISHA O A, et al. An overview of 5G technology[C]//2020 International Conference in Mathematics, Computer Engineering and Computer Science (ICMCECS). IEEE, 2020: 1–4.

[72] AHMAD I, KUMAR T, LIYANAGE M, et al. Overview of 5G security challenges and solutions[J]. IEEE Communications Standards Magazine, 2018, 2 (1): 36–43.

[73] TAHERIBAKHSH M, JAFARI A H, PEIRO M M, et al. 5G implementation: major issues and challenges[C]//2020 25th International Computer Conference, Computer Society of Iran (CSICC). IEEE, 2020: 1–5.

[74] LUO C J, ZHU Y Z, JIN L W, et al. Learn to augment: joint data augmentation and network optimization for text recognition[C]//Proceedings of the IEEE/CVF Conference on Computer Vision and Pattern Recognition. IEEE, 2020: 13746–13755.

[75] CUBUK E D, ZOPH B, MANE D, et al. Autoaugment: learning augmentation strategies from data[C]//Proceedings of the IEEE Conference on Computer Vision and Pattern Recognition. IEEE, 2019: 113–123.

[76] CUBUK E D, ZOPH B, SHLENS J, et al. Randaugment: practical automated data augmentation with a reduced search

space[EB/OL]. (2019-11-14)[2024-08-11]. http://arxiv.org/pdf/1909.13719v2.

[77] DEVRIES T, TAYLOR G W. Improved regularization of convolutional neural networks with cutout[EB/OL]. (2017-11-29)[2024-08-11]. https://arxiv.org/pdf/1708.04552.

[78] ZHANG H Y, CISSE M, DAUPHIN Y N, et al. Mixup: beyond empirical risk minimization[EB/OL]. (2018-04-27)[2024-08-11]. https://arxiv.org/pdf/1710.09412.

[79] OTSU N. A threshold selection method from gray-level histograms[J]. IEEE Transactions on Systems, Man, and Cybernetics, 1979, 9(1): 62-66.

[80] BRADLEY D, ROTH G. Adaptive thresholding using the integral image[J]. Journal of Graphics Tools, 2007, 12(2): 13-21.

[81] CUI C, GAO T Q, WEI S Y, et al. PP-LCNet: a lightweight CPU convolutional neural network[EB/OL]. (2021-09-17)[2024-08-11]. https://arxiv.org/pdf/2109.15099.

[82] REDMON J, DIVVALA S, GIRSHICK R, et al. You only look once: unified, real-time object detection[C]//Proceedings of the IEEE Conference on Computer Vision and Pattern Recognition. 2016: 779-788.

[83] LIAO M H, WAN Z Y, YAO C, et al. Real-time scene text detection with differentiable binarization[C]//Proceedings of the AAAI Conference on Artificial Intelligence. 2020, 34(7): 11474-11481.

[84] DU Y K, CHEN Z N, JIA C Y, et al. Svtr: scene text recognition with a single visual model[EB/OL]. (2022-05-23)[2024-08-11]. https://arxiv.org/pdf/2205.00159.

[85] BAIG M Z, ASLAM N, SHUM H P H. Filtering techniques for channel selection in motor imagery EEG applications: a survey[J]. Artificial Intelligence Review, 2020, 53(2): 1207-1232.

[86] MAKEIG S, BELL A J, JUNG T P, et al. Independent component analysis of electroencephalographic data[EB/OL]. (1995-11-27)[2024-08-11]. https://proceedings.neurips.cc/paper_files/paper/1995/file/754dda4b1ba34c6fa89716b85d68532b-Paper.pdf.

[87] WANG Y, GAO S, GAO X. Common spatial pattern method for channel selelction in motor imagery based brain-computer interface[C]//2005 IEEE Engineering in Medicine and Biology 27th

Annual Conference. IEEE, 2006: 5392–5395.

[88] FRIMAN O, VOLOSYAK I, GRASER A. Multiple channel detection of steady-state visual evoked potentials for brain-computer interfaces[J]. IEEE Transactions on Biomedical Engineering, 2007, 54 (4): 742–750.

[89] LIN Z, ZHANG C, WU W, et al. Frequency recognition based on canonical correlation analysis for SSVEP-based BCIs[J]. IEEE Transactions on Biomedical Engineering, 2006, 53 (12): 2610–2614.

[90] LIN C T, WU R C, LIANG S F, et al. EEG-based drowsiness estimation for safety driving using independent component analysis[J]. IEEE Transactions on Circuits and Systems I: Regular Papers, 2005, 52 (12): 2726–2738.

[91] SIFRE L, MALLAT S. Rigid-motion scattering for texture classification[EB/OL]. (2014-03-07) [2024-08-11]. https://arxiv.org/pdf/1403.1687.

[92] HOWARD A G, ZHU M, CHEN B. et al. Mobilenets: efficient convolutional neural networks for mobile vision applications[EB/OL]. (2017-04-17) [2024-08-11]. https://arxiv.org/pdf/1704.04861.

[93] SANDLER M, HOWARD A, ZHU M, et al. Mobilenet v2: inverted residuals and linear bottlenecks[C]//Proceedings of the IEEE Conference on Computer Vision and Pattern Recognition. 2018: 4510–4520.

[94] CHOLLET F. Xception: deep learning with depthwise separable convolutions[C]//Proceedings of the IEEE Conference on Computer Vision and Pattern Recognition. 2017: 1251–1258.

[95] HU J, SHEN L, SUN G. Squeeze-and-excitation networks[C]//Proceedings of the IEEE Conference on Computer Vision and Pattern Recognition. 2018: 7132–7141.

[96] WEI C S, WANG Y T, LIN C T, et al. Toward drowsiness detection using non-hair-bearing EEG-based brain-computer interfaces[J]. IEEE Transactions on Neural Systems and Rehabilitation Engineering, 2018, 26 (2): 400–406.

[97] LUQUE-CASADO A, PERALES J C, CÁRDENAS D, et al. Heart rate variability and cognitive processing: the autonomic response to task demands[J]. Biological Psychology, 2016, 113, 83–90.

[98] LIU P, YUAN W, FU J, et al. Pre-train, prompt, and predict: a systematic survey of prompting methods in natural language processing[J]. ACM Computing Surveys, 2023, 55(9), 1–35.
[99] 陈飞，付德志，崔书方，等. 基于VMware虚拟化技术的企业数据中心网络安全架构研究[J]. 网络安全技术与应用，2024（4）：26–29.
[100] 刘昆佑. 一种云计算虚拟化平台网络安全模式的研究[J]. 电信快报，2019（10）：30–34.
[101] 袁文成，朱怡安，陆伟. 面向虚拟资源的云计算资源管理机制[J]. 西北工业大学学报，2010，28（5）：704–708.
[102] 张朝昆，崔勇，唐翯祎，等. 软件定义网络（SDN）研究进展[J]. 软件学报，2015，26（1）：62–81.
[103] 王宏杰，徐胜超，杨波，等. 基于 SRv6 技术的云网安全服务链自动编排方法[J]. 计算机与现代化，2024（1）：1–5，12，28.
[104] 李飞. 电力企业私有云应用安全研究[J]. 电信科学，2010，26（12A）：18–21.
[105] 孙大为，张广艳，郑纬民. 大数据流式计算：关键技术及系统实例[J]. 软件学报，2014，25（4）：839–862.
[106] 董斌，杨迪，王铮，等. 流计算大数据技术在运营商实时信令处理中的应用[J]. 电信科学，2015，31（10）：165–171.